JOSÉ E. SANTOS

........................................

# GLOSAS ENRARECIDAS

## Discursos, identidades, conflicto

........................................

Colección Ánfora Roja #3

*Obsidiana Press*
www.obsidianapress.net

José E. Santos

# Glosas enrarecidas
## Discursos, identidades, conflicto

Colección Ánfora Roja #3

*Obsidiana Press*
www.obsidianapress.net

ISBN 978-1-948114-18-9

Colección Ánfora Roja #3

# Obsidiana Press
w w w . o b s i d i a n a p r e s s . n e t

obsidianapress @aol.com
publicaciones@obsidianapress.net

. . . . . . . . . . . . . . . . . .

# Prólogo

La presente colección surge de la misma inquietud que originó el libro *Al margen, la glosa.* Aquella selección se centraba en ensayos de tema español que decidí juntar para que el estudiante o el interesado en investigar los autores allí comentados tuviera un texto en el que estuvieran reunidas esas selecciones que previamente se encontraban solamente en revistas académicas. Como es sabido, muchas veces es difícil dar con la totalidad de los textos que buscamos cuando investigamos y es práctica corriente el escoger y presentar a modo de libro una compilación de trabajos dispersos. Espero, con este mismo propósito en mente, que este libro sirva y sea de provecho para muchos.

Inicialmente pensé meramente reunir todos los textos que no incluí en *Al margen, la glosa.* Mientras revisaba los ensayos noté que algunos compartían cierta temática de manera directa o transversal, por lo que volví entonces a seleccionar y dejar fuera aquellos que no participaban de las inquietudes reconocidas. En estos ensayos, noto que domina el tema de la precisión o imprecisión discursiva y como este factor incidía en las nociones de identidad y conflicto, vistos estos conceptos de manera múltiple.

Al hablar de "identidad" me refiero por supuesto a la pretensión individual o colectiva de generar una personalidad sicológica y cultural cuando se aceptan unos márgenes y unas definiciones que afianzan la noción de distinción frente a una posible otredad (otra persona, otra cultura, etc.). Por conflicto entiendo la reacción activa o pasiva de una persona o una entidad social al encuentro e interacción con una persona distinta, una cultura distinta o un cuerpo nacional o político distinto. También presento el manejo del conflicto interior, en que se ve la reacción ante uno mismo, o ante la imposibilidad de poder comunicarse con otra parte. El lector podrá a su vez distinguir los elementos que definen mi perspectiva particular según contraste el aprecio que hago de los temas y los textos. Hago la salvedad porque no pretendo en esta prefación indicar mi adscripción a un sistema particular, pues he manejado varios y mi interés mayor se centra en la actitud crítica del discurso que adopto, no en sustentar o defender una escuela de pensamiento social, político o estético, según sea el caso.

Los ensayos no siguen un orden cronológico particular, sea de la historia literaria o de fecha de publicación. La única libertad que me he tomado en este sentido ha sido la decisión de cerrar la colección con el ensayo en torno al *Libro de buen amor*. La razón es sentimental, puesto que fue el primer ensayo de tema literario que publiqué. A su vez, su juego con el concepto de la identidad fluctuante que se impone en el texto de Hita, viene a recordarme que en cada ser humano se barajan los mismos conflictos a la hora de querer construir su identidad propia, o a la hora de rechazar (o renunciar a) tal empresa, siempre asediada por la angustia o lo imprevisto. Lo he dejado casi intacto, para que el lector tenga una

6

idea del andamio conceptual (o demencial) que me entusiasmaba en aquellos años, tal vez excesivo para muchos, pero intrigante o divertido para otros.

Decidí emplear de manera uniforme un mismo sistema de citas. He preferido dejar entre paréntesis dentro del texto la referencia a la página del segmento citado, que de no comentarse en el texto ha de verse en la página de bibliografía. Empleo las notas, que van al final de cada ensayo, para añadir información o presentar una cita marginal pero relevante. En caso de que haya referencias de más de un texto de un mismo autor se hará mención del título en el texto o entre paréntesis.

Como siempre, he de agradecer a varios colegas y amistades que hicieron posible la redacción original de los textos y la presente oferta colectiva de los mismos. Agradezco los consejos y la ayuda brindadas por Hugo Rodríguez Vecchini (RIP), Geoffrey Ribbans, Edgardo Rodríguez Juliá, Mary S. Vásquez, Pierre Saint-Amand, Alexandra Morales Reyes y Mairim K. Romero Crespo.

# La otredad y el fundamento de lo nacional. La inversión representacional en varios textos de Antonio de Capmany[1]

Si teóricamente se considera la mentalidad ilustrada como el eje de una ideología universalista, sorprende que haya sido en el siglo XVIII que se iniciara el proceso acelerado de reordenación discursiva que finalmente dio pie a los nacionalismos decimonónicos. Tal paradoja se desprende de dos elementos fundamentales: el carácter funcionalista de las entidades sociales, y la necesaria reinterpretación de los vínculos de poder. La primera razón nos muestra cómo el concepto de "nación" viene a ser el sustituto vital de la identidad social ante el colapso de las estructuras previas tradicionales que hasta el momento definían la ubicación del individuo dentro del conjunto cultural humano. La segunda razón se inscribe en la evolución continua de los mecanismos de dominación que inevitablemente subyacen bajo los supuestos contenidos semánticos que constituyen u ordenan los discursos ideológicos.

Debe buscarse, por lo tanto, el origen del discurso "nacional" en la confluencia de una serie de factores determinantes. Benedict Anderson ha querido destacar tres elementos en relación con el origen de los nacionalismos intensos del siglo XIX. En primer lugar, señala como razón el debilitamiento del papel amalgamador del sentido religioso en favor de un sentido de espacio cultural territorial (12-19).[2] En segundo lugar, Anderson indica como factor el decaimiento de la figura del monarca como eje central de la identidad política, nuevamente para sustentar una imagen de soberanía extendida a través de un territorio delimitado (19-22). En tercer lugar, considera importante el cambio en la percepción temporal de los hechos culturales heredada del medioevo, que en adelante valida una visión cronológica de la historia en función con un pasado recorrido y un futuro por recorrer (22-26). En el caso de España pueden detectarse algunos de estos elementos. Julián Marías presenta una visión particular que en parte coincide con Anderson y en parte se aleja en aspectos singulares del proceso español. Para Marías es importante el desarrollo político del siglo XVIII español porque representa en términos generales un primer momento de estabilidad funcional. Indica que España vivía pendiente de los intereses exteriores, especialmente de Roma, lo que impidió la definición moderna de propósitos "nacionales". En este sentido, la España que surge en el Renacimiento: "en lugar de ser 'nacional', es 'católica', hasta el punto de que los intereses españoles se subordinan constantemente a los religiosos (*España inteligible*, 264). Marías considera el gesto administrativo borbónico como un "examen de conciencia" que se orientó hacia la eliminación de las "deficiencias", lo que redundó en un gobierno más enfocado que practicó un "saneamiento de la situación" (266).[3] Se asemeja Marías a Anderson en la visión general de que hubo un cambio de prioridades que se orientó a la organización interior y que desestimó el papel de la religión en la política pública como elemento esencial en la formación de la identidad nacional. Se diferencia al querer centrar en la figura del rey y en la monarquía una razón administrativa suficiente para llegar a una interpretación nacional de la realidad española y propiciar una razón de estado o un aura espiritual dentro de la cual se frague una identidad coherente.

Dicha coherencia no será posible sin la manifestación en España de una resistencia cultural e ideológica hacia lo francés. Esto llevó a la formulación de un imaginario nacional, que al justificar toda una serie de antagonismos, socavó la puesta en práctica de las pretensiones "universalistas" del pensamiento ilustrado. Esa "otredad", lo francés, se ubica maniqueamente en el lado "negativo" de las afamadas polémicas que giraron en tomo a la percepción exterior de la experiencia española.[4] Feijoo ya había intentado diluir el peso de esta actitud en su discurso "Amor de la patria y pasión nacional", en el que señala la manipulación discursiva a la que se presta el fervor nacional en manos de los poderosos, razón por la que debe subordinarse a otras consideraciones superiores de orden religioso o civil (258). Es evidente que esta aproximación, fundada en el optimismo intelectual, y dirigida a la erradicación del yerro ideológico y emocional, no pasó de ser una mera sugerencia condenada a la arbitrariedad de los impulsos antagonistas. Tanto el comentario peyorativo del barón de Montesquieu (en las *Lettres Persanes*) como luego de Mason de Morvilliers (en la *Encyclopédie Méthodique*) son síntomas de la crisis (por no decir de la mediocridad) de las mentalidades dieciochescas, sujetas a atestiguar las contradicciones de una ideología (la ilustrada) que se ha tergiversado y manipulado de manera cruda por las instituciones oficiales. Cadalso, Forner y otros se lanzaron a la gestión apologética contra los acusadores. La ulterior Revolución francesa y la intervención napoleónica en nada mejorarían esta situación.

Es en este ciclo polémico que ubicamos la evolución del pensamiento de Antonio de Capmany (1742-1813), erudito, historiador y político barcelonés cuya reflexión sobre el hecho nacional es quizás la más compleja de cuantos vivieron el acalorado cambio de siglo.[5] Antonio Elorza se refiere al origen de su concepto de la nación en sus ideas sobre el proteccionismo económico y el estatismo del orden social según se desprenden de su *Discurso político-económico* de 1778, en el que defiende la función de los gremios frente a la visión liberal capitalista que explora el gobierno ilustrado. Tal proteccionismo supone, a nuestro entender, cierto estatismo estructural que, sin embargo, requiere de un dinamismo interno en el que los estamentos sean conscientes de su papel dentro del aparato nacional. Ser del pueblo o de la nobleza viene a ser formar parte de una ecuación necesaria, cuya suma o resolución garantiza la idea de unidad que define la nación. Elorza resume así la complejidad de este concepto:

> La existencia del pueblo viene a justificar la de los estamentos privilegiados: "es una clase, con el noble

12

destino de dar la subsistencia a todas las demás". El pueblo, añade, forma la fuerza física de la nación y, con sus costumbres, incluso la fuerza moral. El carácter nacional, en expresión de Capmany, no es otro que el que resulta de las costumbres populares, encarnadas especialmente en artesanos y comerciantes. El pueblo, pues, es la nación y se identifica con las clases productoras en el orden estamental; los privilegiados son necesarios a efectos de defender la permanencia de dicho orden. (64)

Por un lado, se destaca el origen de su concepto de lo nacional a partir de una reflexión económica de la realidad circundante. Si funciona este entramado distributivo no es conveniente desarticularlo o ponerlo en peligro. De esta forma se amenazaría la unidad nacional. Dentro de tal concepción, sin embargo, se destaca la notable dualidad de un Capmany dedicado a destacar los logros y las particularidades catalanas y el Capmany defensor de la unidad mayor del estado español. Pierre Vilar sugiere la inmersión de la primera actitud en la segunda, como soporte particular de esa unidad nacional, actitud típica del pensamiento cosmopolita ilustrado que se asimila a la violencia de finales de siglo y principios del siguiente (89). Su papel protagónico en la organización y administración de la Junta Central durante la ocupación francesa y la Guerra de Independencia son índices de su fervor unitario. Aparte de su activismo político, sin embargo, su gestión más visible en torno a la noción de una unidad nacional se presenta en su labor filológica. Esta se extiende a lo largo de su carrera, en textos como la *Filosofía de la elocuencia* (1777), el *Teatro histórico-crítico de la elocuencia castellana* (1786), y el *Diccionario francés-español* (1806) entre otros. Se destaca en estos la evolución de su perspectiva sobre la valoración de la lengua española, y en la que notamos las oposiciones típicas de su pensamiento. Entendemos que esta preocupación constante en los escritos de Capmany continúa el patrón obsesivo de confrontación con esa "otredad" cultural inevitable en los escritores españoles, que en su caso se particulariza debido a la inversión ideológica que le sobreviene y le obliga a la creación de una nueva mitología de plenitud, una nueva "sensación espiritual", si se quiere, en la que las supuestas contradicciones desean generar un modelo funcional en el que lo "nuevo" y lo "viejo" se articulen como bloques destinados a levantar el edificio nacional.

Nuestra primera mirada se posa sobre su *Comentario sobre el Doctor festivo y Maestro de los Eruditos a la violeta, para desengaño de los Españoles que leen poco y malo* de 1773, que circula bajo el seudónimo de Pedro Fernández y que transcribió y publicó íntegramente en una de sus obras Julián Marías en 1963.[6] El texto se divide en nueve secciones. Las primeras dos cumplen funciones prologales e introductorias, y las restantes se refieren a los elementos de la pugna de Cadalso

14

con los comentarios de Montesquieu, originada en su *Defensa de la nación española* (1768) y seguida en *Los eruditos a la violeta* (1772). Desde una actitud que desea ser imparcial, Capmany comienza con una reiteración de su nacionalidad ("soy español de cuatro costados") que matiza con un elogio a la administración de Carlos III (Marías *La España posible*, 182-183), lo que claramente expresa una perspectiva anclada en destacar los méritos del momento presente. En la segunda sección introductoria, dirigida al "Catedrático de todas las ciencias" (el presunto Cadalso), Capmany (o Pedro Fernández) parte de un concepto de nación unitario e integracionista, que proyecta como hecho reconocido, y cuya primera referencia, "Nación civilizada", impone el tono ilustrado de su aproximación (184). No emplea reino, o monarquía, o territorio, y ya el uso de "patria" ("la ilustración de mi Patria") se enmarca en el convencimiento de unas condiciones generales de transformación social y definición política. Esta estrategia se ubica en su objeción a la defensa que presenta Cadalso frente al texto de Montesquieu. Capmany ejercerá una evaluación que desea ser minuciosa y ecuánime, ilustrada, y lo llevará a la autocrítica, al señalamiento de los "males" nacionales en lo que siente y proyecta como un acto de responsabilidad intelectual.

Al referirse concretamente a la sección denominada "Suplemento" de *Los eruditos a la Violeta* de Cadalso, en que se toca el tema de los manuales de viajes y donde aparece la crítica más fuerte a Montesquieu, intenta Capmany dejar establecida la doble naturaleza de la crítica cadalsiana, que entiende como positiva y negativa. Su juicio ponderado lo lleva a calificar la actitud de Cadalso como perjudicial en el sentido de que no presenta los elementos positivos de la crítica de Montesquieu, lo que puede llevar al conformismo ideológico:

> Los sabios, o los que son tenidos por tales, se han confirmado más orgullosamente en la persuasión de que todo lo saben o que saben lo que se debe saber; y el Pueblo ignorante o mal instruido se ha atrincherado más fuertemente, dentro de la preocupación perniciosa de que nuestra Nación se halla al nivel de las verdaderamente ilustradas. (186)

Su deseo de enmendar los males interiores lo lleva a concordar con el francés en cuanto a la negligencia administrativa que caracterizó a la España pretérita: "No hay Nación que haya gastado con mas profusión y con menos discreción el dinero. Sumas inmensas, en nuestras manos, no han producido, hasta ahora, alguna utilidad Real, a lo menos, ninguna General" (187). Es notable el deseo de incorporar conceptualmente su idea de España a la que se ha desarrollado del resto de Europa. De ahí que quiera incorporarla a la concepción utópica de la "confraternidad general" de naciones (188-189). Capmany es consciente de la intención general de las *Cartas persianas* de Montesquuieu y de su marginalidad en relación con el malestar ideológico hispánico (188). Se detecta así su relativismo crítico, anterior y más directo que el expresado por Cadalso en sus *Cartas marruecas*, ya que censura a la vez que deja ver su optimismo en torno al desarrollo del presente: "Yo le diría a ésta [España], entonces, que todas las Naciones tienen sus vicios y ridiculeces; y que nosotros conservamos muchas, porque aguardarnos que los Extraños nos las censuren; las que nos han criticado los Compatriotas, se han corregido, en todo o en parte: Estos son remedios cáusticos, que obscurecen, pero casi siempre sanan" (189).

Su concepto de la Europa moderna, superior a la antigua, concuerda con la idea luego expresada por Anderson sobre el papel que juegan las comunicaciones generalizadas en este momento histórico (202). España, por lo tanto, podría participar de esta redefinición en la que su propia literatura ha jugado un papel determinante en Europa y que irónicamente recrimina Capmany: "¿Cómo unos tesoros que han enriquecido los Forasteros no nos sacan de la miseria?" (203). Su franqueza lo lleva nuevamente al reconocimiento del atraso hispánico: "No lo hemos dicho todo, hablemos claro: muchísimo mas han dicho los Extranjeros, desde que, cien años ha, se han fuertemente aplicado a excedernos" (203). Es, por lo tanto, el presente y sus posibilidades de desarrollo los que deben definir el carácter de la nación. Capmany termina con la misma actitud imparcial para evaluar las dos manifestaciones metafóricas fundamentales de una nación: la dimensional ("hemos sido Grandes

y hemos sido Pequeños") y la mental ("hemos sido
Ilustrados y hemos sido Ignorantes"), en un intento
de desarticulación de los principios que motivan
la irreflexión y el estancamiento discursivo que
identifica en los apologistas del pasado (216). La
"otredad", estrictamente, viene a ser el pasado, la
historia española que se enfrenta al momento presente,
que Capmany considera pujante y encarrilado hacia
la suerte común de una Europa iluminada.

Una década después, en el "Discurso
preliminar" de su *Teatro histórico-crítico de la
elocuencia española* (1786), ya pueden observarse
diferencias notables en el pensamiento de Capmany
en relación con las expresadas en el *Comentario*.[7]
El texto comienza con un intento de racionalización
de la llamada decadencia de las letras hispánicas.
Tras establecer que su intención no es incitar a la
discordia o la defensa desaforada de las glorias de
España, Capmany centra el motivo de las polémicas
en la falta de información y el desconocimiento de la
tradición hispánica, en el abandono que han hecho
del estudio de la lengua española:

> De aquí proviene la ignorancia que
> padecen los autores extranjeros
> cuando hablan de nuestras leyes,
> usos, inventos, progresos en las artes
> y ciencias; en una palabra, del estado
> de nuestras letras. De aquí nacen
> los errados juicios, los equivocados
> cálculos, las injustas censuras, tan
> injustas como las mismas alabanzas.

Pues sin conocimiento de la lengua de una nación, ¿cómo se tendrá ni tino ni discreción para distinguir en el estado de su literatura lo que es digno de sátira o elogio? (*Teatro histórico-crítico*, II)[8]

El argumento se centra en el error que hay en el "otro", visto de manera ecuánime, como algo que puede pasar entre los españoles ante los demás, como una verdad universal cuya ecuación es "desconocimiento conlleva error". El carácter unificador de la defensa de Capmany se refleja en el concepto del libro, una selección ejemplar que es historia de las letras a la vez que "abogado" del presente. El recurso fundamental es proyectar un tono de mesura que lo lleva en ocasiones a la censura de las apologías excesivas:

No nos admiremos que los extrangeros no conozcan ni citen nuestros autores antiguos ni sus escritos; sino que muchos españoles que los citan, no los lean, y otros que los leen, no los conozcan. De aquí vienen los desmedidos é injustos elogios que se han dado á muchos de nuestros escritores ciega y desatinadamente, con el fin de defender la nación: como si ésta se pudiese defender ofendiendo a la verdad. (IV)

El establecimiento de esta actitud abierta

supone, sin embargo, la aceptación del plan defensivo que se esconde tras ella, pero que se irá presentando poco a poco. Ya al hablar de los méritos de los escritores de prosa española, Capmany cede a la alabanza: "seguramente ninguna nación moderna puede oponernos otro [prosista] igual de tan aventajados en el manejo de su lengua patria" (VI). Capmany se ha expresado con el concepto de "nación moderna", que dentro del marco discursivo que emplea, continúa la noción de un espacio unitario, organizado y enteramente funcional. El libro mismo, como colección, retrata el concepto de un todo compuesto por la suma interactiva y lógica de sus componentes, lo que ha hecho posible una historia literaria, y, por lo tanto, una realidad presente definida.

Capmany sigue su exposición reiterando las ideas de la selección de ejemplos óptimos, del error fundado en la ignorancia, y de la crítica como ejercicio justo. No es difícil entender entonces su concepto general de la nación como un cuerpo internamente dinámico. Ha sido el pasado el que ha propuesto la medida cohesora (la lengua, las letras), y es el presente el que provee la continuidad de esa unicidad (el estado reformista, la burguesía, el "pueblo"), un todo armónico en que lo mejor de ambos tiempos asegura el desarrollo del futuro. Bajo este prisma parecería injusta la actitud contradictoria del Capmany atento a los intereses catalanes, y el defensor de las letras españolas (castellanas) como modelo de la excelencia anímica de la nación. Podemos proponer, sin embargo, la adecuación del barcelonés a la situación vigente dentro de las cuales cobran sentido sus ideas. Francesc Vallverdú refiere las condiciones imperantes que llevan a la castellanización de las tierras catalanas durante el siglo XVIII y a la penetración gradual de la misma en las entidades de alta cultura que culminó con la diglosia en las clases intelectuales, caracterizada por un incremento en los catalanes castellanizados que se acompañó con una disminución de los bilingües diglósicos (52-53). Es de suponer, entonces, que la defensa de la lengua española (castellana) constituyó un vehículo lógico de representación simbólica del organismo unitario que viene a ser la nación, anclado, como hemos visto, en su confianza en la administración carlotercista. Se trata, por así decirlo, de una estrategia contextual conveniente que sirvió tanto para el Capmany ilustrado como, a la larga, para el ulterior nacionalista.

La misma metáfora orgánica del libro que, como habíamos indicado, sirvió para definir la noción de un espacio unitario, sin embargo, sirve para elaborar una crítica a lo que ya se establece como "otredad", la lengua francesa. Esto se hace patente en la sección denominada "Observaciones críticas" en la que la comparación del contenido de los diccionarios de ambas lenguas redunda en el menosprecio del conjunto francés. Admite la superioridad de vocabulario técnico y científico del francés, pero esto se debe a una ilusión que omite su origen filológico: "Pero esta escasez [lenguaje científico español], es una pobreza aparente de nuestra lengua: pues el vocabulario c[i]entífico y el filosófico no es francés, ni alemán, ni inglés: es griego o latino... " (*Teatro histórico-critico*, CIX-CX). Se pasa así a la noción de dos "diccionarios" que fundamentan los términos de una comparación errada. El llamado lenguaje "técnico", que se presenta como renglón del idioma francés, se retrotrae a su génesis clásica, gesto con el que Capmany desautoriza la pretendida superioridad del mismo. Se empareja así, firmemente, el concepto de nación con el del libro, cuyas cualidades quedarán en adelante en manos del redactor, que como erudito y filólogo posee las armas del "conocimiento", que se convierten entonces en la justificación de la excelencia, y, en última instancia, de la totalidad.

La *Centinela contra franceses* (1808) se inscribe en el marco de la invasión napoleónica, pasados veinte años del *Teatro histórico-crítico*. Capmany, activo en la Junta Central que se opone a los invasores, desea aportar un escrito satírico que llegue a servir como arenga, como exhortación a la insurrección y la creación de un sentido nacional frente al "otro". Esta función como arenga se hace evidente desde el principio, en el llamado a las armas inicial por el cual escritor y soldado se equivalen (*Centinela contra franceses*, 81). La resistencia se organiza desde el amoldamiento cultural de las personificaciones, por medio de las cuales Capmany establece una identidad entre todas las "otredades" hispánicas (judíos y moros), conjunto en el que los franceses pasarán a ser los peores debido al carácter nefasto de Napoleón (82). Este recurso se repetirá a lo largo del texto, y se constituye así en uno de los "ecos" del llamado a la movilización. Al contrario de los textos anteriores, en la *Centinela* la caricaturización del "enemigo" sirve como construcción del perfil nacional. Los reproches se centrarán, ya en Napoleón, ya en Godoy (ministro de Carlos IV), y entre ambos se sostiene la alarma de un "yo" que se proyecta como centro del conocimiento confiable que interpreta la historia:

> Ya tenía yo previsto y dicho muchas veces entre mis amigos: este Godoy, según indica el curso de su conducta, aspira a Regencia o a Corona y cuenta las espaldas de Napoleón, después que éste le ha dado el mal ejemplo para tan altos sucesos. El Corso, añadía yo, le sostiene en su ambicioso plan y, después de haberle dejado precipitarse en un abismo de atentados y aniquilar la potencia de su nación, vendrá a echarle puntillones, llamándose nuestro Libertador, que es el más descarado y descansado modo de conquistar. (114)

Capmany es consciente del papel aglutinante que una vez imponía la religión, pero la misma ha sido quebrada por el contacto con la "inundación de libros, estilos y modas" venidas de Francia (116). Más allá de la definición política basada en el carácter unitario de la monarquía inherente en sus escritos anteriores, Capmany esboza una definición de lo nacional que se fundamenta en la integridad del

pueblo y su conciencia de pertenecer a una totalidad
delimitada:

> ¿Qué le importaría a un Rey tener va-
> sallos, si no tuviese nación? A ésta la
> forma, no el número de individuos,
> sino la unidad de las voluntades, de
> las leyes, de las costumbres, y del
> idioma, que las encierra y mantiene
> de generación en generación. Con
> esta consideración, en que pocos han
> reflexionado, he predicado tantas ve-
> ces en mis escritos y conversaciones
> contra los que ayudan a enterrar nuestra
> lengua con su trato y su ejemplo en
> cuanto hablan, escriben y traducen: mi
> objeto era más político que gramatical.
> Donde no hay nación, no hay patria,
> porque la palabra país no es más que
> tierra que sustenta personas y bestias a
> un mismo tiempo. (116)

Confiesa de esta manera la naturaleza política
de sus esfuerzos anteriores por erigir la idea de una
cohesión cultural, a la vez que se adelanta a Ernest
Renan en su deseo de establecer la naturaleza
espiritual del principio nacional.[9] El enfrentamiento
con la "otredad" toma ya un perfil sicológico,
cuando se plantea una lucha entre las personalidades
distintivas tratadas como realidades personales.
De ahí la fuerza de la prosopopeya en función del
discurso amoroso: "La nación que vive enamorada de

otra está ya medio vencida, dejando poco que hacer, en una invasión, a la fuerza de las armas" (117). Entendemos que esta aseveración viene a ser un tipo de expiación en la que se proyecta el intelectual que una vez simpatizaba con el corpus ideológico francés, y cuyo arrepentimiento desea encuadrar en el marco situacional de la experiencia amorosa, entendida desde la irracionalidad de su naturaleza. Es por tal razón que insiste en la vuelta al pasado, que ahora reconoce como el verdadero signo externo de la nacionalidad:

> Corrijamos nuestras costumbres vol-
> viendo a ser españoles de chapa y de
> calzas atacadas, para que no puedan
> venir los franceses a azotarnos como
> a niños de escuela. Mudemos la piel
> vieja, que en cierta gente muy leída aun
> huele a francés; mas esta ha de ser obra
> de nuestras manos. Tratemos de hacer
> todo lo contrario de lo que hacíamos,
> desnudándonos con un santo coraje
> de todos los hábitos que nos habían
> introducido el pestífero ejemplo de los
> que eran y han sido siempre nuestros
> enemigos. (134-135)

Refiere Capmany así la solución al dilema de la identidad por medio de una inversión total de los signos que se estructura como conjuro. El cuerpo acariciado o seducido por las ideas ilustradas es ahora el cuerpo azotado de un niño de escuela, imagen en la que encontramos un rastro masoquista

25

de su arrepentimiento. Se requiere así "mudar la piel", momento en que acomete contra los ahora "afrancesados" y que llevará a la necesidad de "desnudarse", de desprenderse de la vestimenta, que como tal, posibilita la transformación al constituir un elemento mudable.

Capmany volverá de manera obsesiva a acometer contra Godoy y contra Napoleón en lo que constituye una reproducción excesiva de la palabra como imagen. El Emperador cobra las dimensiones de un monstruo, de una pesadilla cuyo poder va más allá del libertinaje propio de los sueños. Capmany sucumbe ante el acoso, y el terror de su conciencia se refleja en el espejo de la monstruosidad que denuncia. De ahí la necesidad de recurrir a la idea del sueño para destruir al monstruo:

> Soñé noches pasadas (tal era mi deseo de pacificar muy pronto la Europa sin disparar un tiro) que me había convertido en un gigante enormísimo, como de unas veinte leguas de altura, calzando un zueco de unas dos leguas de largo. Y como para mi empresa no necesitaba de armas ni del uso de mis brazos, encomendé la aniquilación de los que tantos años hace que inquietan la tierra al solo peso de mis pisadas. (150)

Amén del eco de Swift, se transparenta la necesidad imperiosa que siente Capmany por equiparar la intensidad y el efecto del texto con la gesta "destructora" del enemigo. El duro arrepentimiento de quien se ha reconocido en el espejo del "monstruo", pacifica su interior en el espacio del sueño, en la única zona en que la voluntad logra dominar y vencer la realidad que le asfixia. El exceso de esa "otredad" imponente, sin embargo, lo lleva a buscar la salida, a escapar del cerco que le tiende el recuerdo y el contexto: "Napoleones, franceses y Godoyes, dejadme en paz. Ni vuestra sombra quiero ver, ni oír mas vuestro odioso nombre" (154). De esta forma no se completa el conjuro, por lo que el aspirar a una integración del carácter nacional delata la fragilidad de su concepción y su naturaleza circunstancial. El discurso es un sueño, el sueño es la sombra de una conciencia atormentada.

Lo que sí ha de reconocerse en la labor discursiva de Capmany es el carácter instrumental de su concepto de lo nacional. Ya su manejo de la idea de la ecuanimidad, que se despliega en el *Comentario*, acredita la conciencia que tiene Capmany del orden requerido para desarrollar una España organizada, en la que el ambiente intelectual refleje o interactúe con la vitalidad y la dirección económicas. Este primer intento de "plenitud" evolucionó dado el modo en que el contexto político reestructuró el acomodo de las corrientes ideológicas. Pasa la nación de ser una entidad fundada en la naturaleza funcional de sus instituciones, a una realidad que va más allá de las mismas y que se basa en un fondo emocional que entonces sirve de elemento totalizador. No pudo escaparse así Capmany de la corriente agitada del discurso apologético, bien que el apremio de las circunstancias que motivaron su giro, hicieron inevitable la transformación de una mente otras veces mesurada y certera.

..............................

## Notas

[1] Este ensayo apareció originalmente en *Letras Peninsulares*, 14, 2001, pp. 255-267.

[2] Central en este aspecto señalado por Anderson es la creación de un ámbito de lectura propiciado por el crecimiento del número de publicaciones en las lenguas vernáculas, lo que creó la noción de un "nationally imagined community" ante la comunicación y la cohesión propiciadas por las lenguas "impresas" (44). Nigel Glendinning ya había reparado en la importancia de este hecho en España, y se detiene de manera sustancial sobre el mismo (*Historia de la literatura española. El siglo XVIII*, 39-58).

[3] Por una parte, se puede justificar la noción de un "orgullo" o una conciencia administrativa hasta entonces no generalizada, propia del despotismo ilustrado en Europa, pero que ulteriormente se ha considerado como la formación de una imagen pública que no se correspondía con la realidad. Así lo ha expresado George Rudé, para quien las contradicciones entre los intereses de las clases privilegiadas, las monarquías y la intelectualidad ilustrada garantizaron el fracaso del reformismo (133-135). Otro tanto señala Dorinda Outram, que indica que los límites del reformismo pugnaban con el clima de aspiraciones y expectativas que se había difundido (1 12-113). En este sentido, entendemos que el proceso de identidad nacional se desarrollaría como respuesta, como maniobra discursiva por medio de la cual se desvía la opinión culta e instruida del malestar institucional.

[4] Ha quedado documentada ampliamente toda un relato

despectivo y ridiculizador contra España que ya se manifestaba fuertemente desde el siglo XVI. Una presentación pormenorizada la ofrece Julián Juderías en *La leyenda negra*, donde resalta la literatura de los "viajeros" (algunos más bien de gabinete) y el prejuicio que dichos textos sembró en las opiniones de los europeos dieciochescos (197-208).

[5] Capmany fue miembro de las academias de la Lengua y de la Historia, entre otras, participó en la empresa de Pablo de Olavide de colonización de la Sierra Morena en tiempos de Carlos III, y fue el autor de uno de los textos historiográficos más completos de la Europa dieciochesca, las *Memorias históricas sabré la Marina, Comercio y Artes de la antigua ciudad de Barcelona* (1779).

[6] En *La España posible en tiempo de Carlos III*, páginas 181-218. La autoría de Capmany quedó establecida por Glendinning en 1966 ("A Note on the Authorship", 277). Se respeta la ortografía original en toda cita.

[7] Cabe destacar la coincidencia circunstancial del escrito, que ve la luz a finales del reinado de Carlos III, momento en que ya se establece la ascensión de la burguesía en acuerdo con las disposiciones centralistas de la monarquía (Corona 93-96). Capmany, que además de participar en el ambiente académico se dedicaba a la atención de los intereses de la burguesía barcelonesa en Madrid (Elorza 63), debió estar al tanto de los pleitos ideológicos que favorecían a las tendencias regalistas (Sarrailh 588-595).

[8] Seguimos la edición de 1848, de la Imprenta de Juan Gaspar, Barcelona.
Respetamos la ortografía del texto.

[9] A finales del siglo XIX Ernest Renan, tras agotar los factores típicamente asociados a la formación de las nacionalidades (geografía, lengua, etnia), define la nación como un principio espiritual basado en los deseos y los sufrimientos comunes de una comunidad especifica (Bhabha 19-20).

29

## Obras citadas

Anderson, Benedict, *Imagined Communities*, London and New York, Verso, 1991.

Bhabha, Homi K., editor, *Nation and Narration*, London and New York, Routledge, 1990.
Capmany, Antonio de, *Teatro histórico-crítico de la elocuencia española* (1786-1794), Barcelona, Imprenta de Juan Gaspar, 1848.

---. *Centinela contra franceses* (1808), London, Tamesis Books, 1988. Edición de Francois Entienvre Corona, Carlos, *Revolución y reacción en el reinado de Carlos IV*, Madrid, Ediciones Rialp, 1957.

Elorza, Antonio. *La ideologia liberal en la frustración española*, Madrid, Editorial Tecnos, 1970.

Feijoo, Benito Jerónimo. *Teatro critico universal*, Madrid: Castalia, 1986. Edición de Giovanni Stiffoni.

Glendinning, Nigel. "A note on the Authorship of the *Comentario sabré el Doctor festivo y maestro de las Eruditos a la Violeta, para desengaño de las Españoles que leen poco y malo*". *Bulletin of Hispanic Studies*, 43, 1966, pp. 275-283.

---. *Historia de la literatura española. El siglo XVIII* (1983), Barcelona, Ariel, 1986.
Juderías, Julián, *La leyenda negra*, Barcelona, Araluce Editor, 1926.

Marías, Julián. *La España posible en tiempo de Carlos III*, Madrid, Sociedad de Estudios y Publicaciones, 1963.

---. *España inteligible. Razón histórica de las Españas*, Madrid. Alianza Editorial, 1985.

Rudé, George. *Europa en el siglo XVIII. La aristocracia y*

*el desafío burgués* (1972), Madrid, Alianza Editorial, 1995. Versión española de bárbara McShane y Javier Alfaya.

Outram, Dorinda, *The Enlightenment*, Cambridge, U.K., Cambridge University Press, 1995.

Sarrailh, Jean, *La España ilustrada de la segunda mitad del siglo XVIII* (1954), México y Buenos Aires, Fondo de Cultura Econórnica, 1957.

Vallverdú, Françesc, *El conflicto lingüístico en Cataluña: historia y presente*, Barcelona, Ediciones Península, 1981.

Vilar, Pierre, *Assaigs sobre la Catalunya del segle XVIII*, Barcelona, Curial, 1973. Traduïts per Eulàlia Duran.

José E. Santos

# Juegos retóricos de la identidad puertorriqueña: La "Renuncia" de Rodríguez Juliá y el "vaivén" de Rodríguez Vecchini como espacios de equilibrio discursivo[1]

El universo colonial que constituye la experiencia puertorriqueña parecería haber agotado sus canales de ulterior desarrollo y posible evolución. A la altura de finales del siglo XX se nos presenta como un reducto olvidado, un pequeño monstruo de la práctica social y política en el que se debaten todos los modelos discursivos existentes bajo la lupa precavida pero generosa de una metrópoli ingeniosa. La clave de este impasse es la fórmula política actual, el llamado Estado Libre Asociado, vigente desde 1952, y por el cual los puertorriqueños eligen su gobernador y demás funcionarios legislativos y ejecutivos, y que ha habilitado un clima de desarrollo democrático y de intercambio de ideas que calca un tanto el de los Estados Unidos, si bien queda subordinado a los designios del Congreso de este país. No es nuestra meta presentar la trayectoria de esta historia colonial. Nos basta recordar la hábil estrategia que constituyó dejar en manos de los puertorriqueños la administración de su territorio, lo que ha servido a la metrópoli como ejemplo de su benevolencia y providencial legado en su manejo de los asuntos internacionales.[2]

Nos importa, para los efectos de esta comunicación, el papel que representan los discursos intelectuales a raíz de estas condiciones. Nos centraremos en dos de ellos: la obra literaria misma, y la crítica (literaria, social, etc.). Deseamos de esta forma fijarnos en la respuesta retórica que estos discursos presentan a la luz del problema colonial, y el modo en que difieren sus respectivas estrategias. Tenemos en cuenta las grandes diferencias entre ambos, centradas en el concepto de "propósito central". El rigor estético se impone en el discurso literario mientras que el "análisis" viene a ser el móvil del lenguaje crítico. Esta distinción nos servirá, por el momento, como una base estructural sobre la que montaremos un diálogo entre las dos obras que hemos escogido, *La renuncia del héroe Baltasar*, de Edgardo Rodríguez Juliá, novela publicada en 1974, y el prólogo crítico "Back and Forward", de Hugo Rodríguez Vecchini, que encabeza la colección de ensayos críticos *The Commuter Nation*, de 1994, colección centrada en la migración como eje de la experiencia puertorriqueña del siglo XX. Deseamos declarar de antemano que el espacio de la colonia ya predetermina varios aspectos de todo discurso que se origina desde su fuente. Tanto el enfoque como las pretensiones y, en última instancia, la recepción de estos textos se ven filtrados por la red de relaciones impuesta por esta condición política. La proyección y la reacción de los núcleos intelectuales, se enmarca en este juego de lazos diversos ejecutados con la misma cuerda. Si bien aparentaría no ser posible escapar de esta implícita subordinación, sí es interesante y tal vez imperativo destacar la trascendencia ética de las aspiraciones discursivas (o al menos de la ejecución textual) de cara a la noción de una "responsabilidad intelectual", noción que consideramos problemática y frágil dentro del entramado discursivo de cualquier régimen político, pero que se acentúa o se manifiesta de manera más dramática en el estado colonial.

El texto de Rodríguez Vecchini "Back and Forward" se divide en cinco partes en las que pasa de una presentación general a una presentación de la trayectoria histórica de Puerto Rico (parte en la que nos centraremos), a un análisis del manejo discursivo sobre la identidad desde finales del siglo XIX hasta la década de los ochentas del siglo XX, y finaliza con un aprecio de los logros de la comunidad puertorriqueña en Nueva York como base de su visión de una nación fluctuante. Constituye así una especie de prólogo totalizador. Como doctamente manifiesta el crítico, se trata de un texto escrito al final que se ubica en el principio, que va después de la palabra y antes de la misma. Esta ejecución discursiva, eco de la confección alegórica del *Evangelio de Juan*, se declara como eje de una propuesta de interpretación abierta, ponderada y equitativa:

> A foreword not only comes before and after the word, is father and son of this word, but in this case can also stand for and against it. The title of this foreword can therefore serve as an anticipation of the proposed overture to the subject matter which the articles in this volume have but begun to explore. Moreover, it points

to the possibility of different and even contradictory interpretations: either to a negative or a positive interpretation or simultaneously to both. I include both titles to stress such· a possibility of interpretation concerning the facts and events which constitute the historical field of the Puerto Rican "migrant nation," as it has been recently called. Thus the reader remains cautioned: this foreword is mainly concerned with the words used in constructing a historical reality and analyzing the facts of a historical field, without pretending to renounce, in turn, its own interpretation and story, which is supposed to serve as a background. (31-32)

Se hace indispensable el concepto de lo "dual" como base de la oferta. La dualidad, vista en elementos como "this foreword stands for and against", "negative" y "positive" y el modificador "simultaneously" intentan atrapar la lectura en la construcción de un presente discursivo diáfano, fiel a la voluntad de ejercitar la plurivalencia interpretativa. La no renuncia a su "propia interpretación" o a "su propia historia" y la pretensión de que estas sirvan como fondo, manifiestan la sinceridad del expositor y la buena fe de su empresa, si bien revelan a la vez la desviación justificativa que todo acto prologal implica. A diferencia del prólogo típico o "autorial auténtico" como expresaría Genette (166), en el caso de "Back and Forward" se posibilita una lectura que llamamos "mercenaria", que imita el intento de incorporar y de exponer propio toda prefación, pero que al estar en manos de alguien que no es el "autor" de la obra (posibilidad remota e inmaterial en el caso de esta colección), posa el manto de su interpretación particular (como ha manifestado), o de su adscripción ideológica, o ambas. La metáfora de la filiación reversible, "father and son of this word", cobra un papel determinante (eco bíblico) que se extiende a la posibilitación de cualquier explicación textual, entendida esta como análisis o como obra estética. La contradicción fundamenta toda escritura y toda lectura, y como más adelante veremos en el caso de Rodríguez Juliá, puede constituir el móvil de una ejecución textual específica y a la vez servir de modelo para la evolución de un proceso social y cultural.

La exposición inicial de Rodríguez Vecchini desarrolla un encadenamiento discursivo que favorece o destaca el papel de la ideología "autonomista" en la historia política de la Isla. Al caracterizar la trayectoria histórica del país, se refiere a la condición colonial de manera particular, incluyendo la palabra entre comillas —"decidedly mantained some sort of 'colonial' status" (32)—, lo que a nuestro entender adhiere un elemento de duda o de atenuación al concepto. De manera inversa, no notamos el mismo tratamiento en la subsiguiente referencia a la Guerra Hispanoamericana de 1898, a la que se refiere directamente sin que medien paréntesis u otra marca como "invasión liberadora", en un momento en que empieza a hablar de la gesta "autonomista" del siglo XX, el ELA: "Fifty four years of renewed autonomist struggle, since the liberating invasion of 1898, reached a provisionally 'permanent' climax on July 25, 1952... " (33). Su siguiente comentario, en el que se valdrá de la comparación con el Quijote y la polémica sobre el "vaciyelmo" como instrumento de análisis discursivo, se inicia con una definición atenuadora del estado colonial puertorriqueño:

> ... the formula remains as ambivalent and conciliatory as it is exclusive/ inclusive. Puerto Rico is not an independent state nor is it a state of the Union: .... This amounts, de facto and unconventionally de jure, to a national autonomy under a neocolonial form of home rule, i.e., colonialism by consent and thus only partly colonial. (34)

El trato de la formula "autonomista" contrasta grandemente con el dado a la independentista. La mención del plebiscito de 1967 apunta hacia este desequilibrio en el discurso de Rodríguez Vecchini. No se trata simplemente de que se celebre el triunfo "overwhelming" del Estado Libre Asociado en la contienda, sino de la minimización de la formula independentista por la cual en sus palabras "Indeed less than 1% voted for". No se hace la salvedad de que el Partido Independentista no participó en este proceso plebiscitario que implica para Rodríguez Vecchini "another important moment for the ELA"

(36), momento capital al que Pedro Cabán se ha referido como un evento fallido y propiciador de pugnas e inestabilidad dentro del grupo autonomista, además de no lograr su cometido de modificar la fórmula del ELA (Meléndez y Meléndez, 25). Resume Rodríguez Vecchini la poca popularidad de la independencia como opción en seis puntos que se suman a su aceptación del impedimento tradicional que se vocifera desde la escuela primaria, el de que Puerto Rico no tiene recursos naturales suficientes para sostenerse que Garzaro reproduce entre otros prejuicios en *Puerto Rico colonia de Estados Unidos* (270). La ecuación "independencia = abundancia de recursos naturales" no es precisa en la práctica política real. Tres de los seis puntos expresados por Rodríguez Vecchini nos interesan. Son estos "the inclusion of political autonomy and cultural affirmation of national identity in the PPD's political platform", "the culturally differentiated nature [of the] ... (estadidad jíbara) proposed by the PNP", y "the dissuading nationalist rhetoric, which seems irrelevant to contemporary social concerns" (38). Vistos en conjunto, los tres puntos constituyen el eje de una contradicción discursiva que curiosamente se manifiesta en la realidad puertorriqueña. Tanto el movimiento "autonomista" como el "anexionista" se valen del "irrelevant" y "dissuading nationalist rhetoric" que parece desestimar el crítico. El populismo y la reafirmación de los elementos constitutivos de la puertorriqueñidad se acoplan al juego discursivo de los partidos políticos mayoritarios a la luz de la creciente dependencia económica que se traduce a su vez en dependencia sicológica.

Se desvía esta caracterización de la expresada por Albert Memmi, que da énfasis a la carencia del colonizado de los "atributos de la nacionalidad" (106). Esta posibilidad sí se da en Puerto Rico, por lo que la violencia inmediata (si bien existente) se sustituye por la violencia intelectual, el acoso de la indecisión por parte de quienes viven en un ambiente de "libertad de expresión". Rodríguez Vecchini, como tantos intelectuales puertorriqueños, vivió la catalepsia histórica y social de una comunidad que se refugia en el modelo de la familia, en el núcleo primario que en palabras de Memmi "salva al colonizado de la desesperación de una derrota total" (109). No extraña que el centro de su argumentación anti-independentista se ubica en este espacio, en la concepción de la gran familia puertorriqueña que se une en el aquí y el allá de las dos "Islas" de Puerto Rico, la insular y la continental:

> Scenes of farewell and family reunions among thousands of Puerto Ricans can be seen daily at the Luis Munoz Marin and John F. Kennedy Airports, not to mention other major U.S. airports. A family farewell in one airport is often followed by a family reunion in another just a few hours later. And this constitutes today a structural characteristic of the Puerto Rican social reality. (39-40)

José E. Santos

Parecería que se justifica la imposibilidad de la separación con una experiencia que en nada es privativa de los puertorriqueños. Se debe recurrir entonces al concepto de la "comodidad", el "freedom to migrate" del estado vigente de cosas, lo que ubicaría a los puertorriqueños en un binomio de enajenación y oportunismo que se enmarca dentro de una relación sicosocial de benevolencia e ingratitud desde, ante, y con el colonizador.

El texto de Rodríguez Juliá, *La renuncia del héroe Baltasar*, reclama un espacio expresivo de mayor trascendencia dentro del marco discursivo de la Isla que en sí mismo es uno de los "personajes" implícitos de la obra. Se publica a mediados de la década de los setentas, durante el mandato del Partido Popular de afiliación autonomista y en medio de la crisis económica de esta década, la recesión, período en el cual, en palabras de Pedro Cavan, se nutrió la fuerza del movimiento anexionista en Puerto Rico (Meléndez y Meléndez, 26). En *La renuncia*, Rodríguez Juliá hace una reconstrucción ficticia de la historia insular del siglo XVIII. A partir del "milagro" que propició la construcción de la capilla del Santo Cristo de la Salud en San Juan, un historiador, desde el momento presente, lee un ciclo de conferencias en el que se detallan los eventos más importantes que circundan la vida de Baltasar Montañez, mulato hijo del líder de una revuelta de esclavos, y cuya popularidad desea utilizar el poder detrás del trono, el obispo Ibarra, para apaciguar los aires de rebelión de la población esclava mediante el casamiento de Montañez con la hija del Secretario de Gobierno,

40

Josefina Prats. Después de celebrado el casamiento, Baltasar entrega a su esposa a la multitud esclava que celebra desenfrenadamente en las calles. Luego de una disputa sobre el hecho con el obispo, este le entrega la Secretaría de gobierno a Baltasar para así crear la impresión de que hay un gobierno justo y equilibrado. Baltasar hace caso omiso de los deseos generales del obispo y vive su mandato a su modo, y se entrega al disfrute de los placeres eróticos, que se ha negado con su esposa. Esta etapa de la vida de Baltasar se documenta con una serie de retratos realizados por un pintor, Juan Espinosa. Los retratos, así como otros momentos de la vida de Baltasar, son comentados también por el poeta Alejandro Juliá Marín. Baltasar enloquece ante su obsesión por demostrar la iniquidad de todas las aspiraciones humanas. El obispo trata de hacer recapacitar a Baltasar pero fracasa en su intento. El texto presenta varios ángulos de lo que sería una contienda monumental: la humillación del Secretario de Gobierno al enterarse de los planes del obispo de casar a su hija, la humillación de Josefina en el festejo popular después de las nupcias, el deseo de venganza subyacente de Baltasar en contra del "malagradecido" pueblo negro y mulato que traicionó a su padre, la alterna vivencia erótica y sus consecuencias en la vida de Baltasar, la renuncia del mismo al privilegio de ser Secretario de la Gobernación, la subsiguiente pugna con el obispo, y la final respuesta ontológica de Baltasar ante la realidad circundante.

Nos inclinamos por el señalamiento de Francisco Cabanillas de que en la novela el poder es el centro ordenador y que la renuncia final de

Baltasar al mismo lo erige en un ser "todopoderoso" (286). La trayectoria que sigue la ejecución del poder es fundamental para entender la respuesta ética que se desprende del texto. Entendemos que la clave se encuentra en la fragilidad de todos los núcleos de poder identificables, como el mando del general Prats (subordinado al obispo Larra), el mando del obispo (que requiere de la fabricación de intrigas y alianzas para equilibrar las condiciones vigentes), y el mando de Baltasar en la Secretaría de Gobierno (entre la inestabilidad general y su drama personal). El desarrollo de este entramado se da bajo la plena conciencia de Baltasar de que el poder y la voluntad pueden trivializarse al punto de que la identificación entre el "mandar" y el "ser" constituya otro juego más, otra excusa para llenar el tiempo en el que las identidades no se definen. En un momento en el que el narrador-historiador habla de un texto que el propio Baltasar escribe para condenar el acto propiciado por sí mismo de humillar a Josefina Prats entre la muchedumbre esclava, el historiador nos da el siguiente juicio:

> Perverso el placer el que derivaba este hombre al jugar con fuego junto a un inmenso barril de pólvora. Jugando a una sangrienta confrontación entre blancos y negros, Baltasar intentaba vengar la muerte de su padre. He dicho jugando porque considero que para Baltasar el poder tenía un sentido lúdico, que consistía en incitar las

pasiones y luego contemplar, con cínica sonrisa, como un Dios que está por encima de los preciados motivos humanos, la inutilidad de todo esfuerzo. (36-37)

Para Rubén González, la estratagema de Baltasar corresponde a una heroicidad degradada, personalista, "desconectada de la colectividad y con grandes dosis de narcisismo" (87). Esta caracterización se ubica en la visión de González de que en *La renuncia* se atenta contra el utopismo o su contribución positiva en el desarrollo histórico de los pueblos, lo que queda patente en su juicio casi condenatorio de que "Baltasar falsifica el sentido de su historia y se niega a la posibilidad de un futuro comunitario" (90). Entendemos que el trastoque ético en el comportamiento de Baltasar se mueve hacia un deseo genuino de exposición crítica, desnuda si se quiere, de la realidad individual y política. Recordemos el escenario circunstancial en el que se publica. Se trata del nacimiento de la pugna intensa entre autonomistas y anexionistas en la década de los setentas para tratar de justificar las primeros el crecimiento de la formula en crisis del Estado Libre Asociado y denunciar los segundos lo inapropiado del modelo dentro del paradigma de las relaciones entre los EE.UU. y Puerto Rico. El malestar del coloniaje permea la expresión y la negación ontológica viene a ser una reacción natural del ente histórico que no conoce la soberanía real y cuyos ensayos de mandato viven bajo el temor subyacente de la censura metropolitana, en concreto, la censura del Congreso estadounidense. La clave existencial de la rebelión "desviada" de Baltasar la propone el mismo Rodríguez Juliá en su ensayo "At the Middle of the Road":

> But what was I trying to accomplish with that work (*La renuncia*)? No more and no less than to go to the seed of our nationality, to that blurred eighteenth century where the birth of our shared living is hidden. I did not wish to resort to history or documents. I decided to invent my own eighteenth century that would be like a nightmare of Puerto Rican history. Nightmares also say something about reality. (122)

La "falsificación" de Baltasar no es más que una muestra del juego que constituye la reconstrucción del pasado. La contundencia de la realidad presente se impone como el eje asociativo de cualquier precedencia, y en el caso de Puerto Rico, la eternidad colonial se asoma como pesadilla existencial. En este sentido, la labor del intelectual se ve mediatizada por la angustia de la subordinación, por el conjunto de temores y el deseo de reivindicaciones que dialogan entre sí más de lo que se oponen. De ahí la franqueza del gesto de Baltasar, tal vez posible solo en el texto estético. Se ve plasmado en uno de los apartes poéticos del personaje Alejandro Juliá Marín cuando comenta el momento de la renuncia:

Buscaba un gesto que resumiera todo su afán: Ejercicios de laberintos sin respuesta. Dibujos que no alcanzaban la precisión del sueño. Cascadas de papel que fatigaban techos lejanos, de los cuales ya no llegaban claras noticias. Maqueta ya irremediablemente perdida para su mirada. Cuando su aliento apenas alcanzaba tanto simulacro, tomaba una larga pipa que avivaba el intento.

La maldita naturaleza fue dispuesta para que gravitásemos en ella hasta el límite de la muerte. (*La renuncia*, 100-101)

La fascinación con el ensueño es eco del escapismo debido al peso de la realidad. La gravitación se vuelve el movimiento privilegiado de esta condición de inacción. La exposición discursiva se ve tronchada en su intento por denunciar o proponer. La construcción estética, en el caso de *La renuncia*, permite echar una mirada sobre la desnudez contextual. El discurso crítico llega a sucumbir en ocasiones ante las presiones de sí misma, y opta por la autocensura, la complacencia, o el travestismo retórico. He aquí la esencia del "vaivén" que propone Rodríguez Vecchini, la clave del "interinsular migrant nation" que consideramos un impedimento a cualquier ulterior evolución. No puede romperse ese espacio familiar, reducto de la aclamada nacionalidad extendida.

Rodríguez Juliá incurre a su vez en el trayecto

de esta avenida íntima, si bien despliega una perspectiva diferente. Confiesa que la paternidad constituye el eje de su narrativa, lo que hace de su arte un diálogo entre la ilusión y la desilusión, la utopía y la imperfección, y entre el deseo y la realidad entre otras cosas ("At the Middle of the Road", 122-123). Su visión supone la diferencia como rasgo definidor, como elemento promotor de esta necesidad de diálogo e intercambio. Entendemos que este reconocimiento es tan válido ahora como en la década de los años setentas. La experiencia socioeconómica de Puerto Rico se enfrenta a un momento crítico en el que la formulación de una respuesta responsable debe partir de las necesidades de desarrollo del territorio, conforme a su capacidad productiva y los recursos humanos disponibles. La retórica de la nacionalidad dispersa impide crear el ambiente para este tipo de respuesta. Es otro velo más de la retórica de la dependencia, y delata la condición actual de la crítica social y cultural que aspira todavía a las utopías familiares. Peor aún, es la aceptación tácita del "colonialismo por consentimiento". Por su parte, la experiencia puertorriqueña en Nueva York y otras ciudades estadounidenses debe servir de ejemplo y no de lastre. Han luchado por establecerse y proponer su propio modelo de desarrollo dentro de su realidad contextual. Han ido creando su propia nación, si se quiere, en algunos sentidos, muy diferente de los modelos que se dan en Puerto Rico. Valdría proponer esta actitud ante la realidad puertorriqueña insular. La independencia política, sea asequible o no bajo las condiciones presentes, no tiene que constituir un amasijo de visiones "pasadas de moda", ni un hervidero pasional de retórica decimonónica. El lenguaje de la separación no supone distancia sino madurez. La persistencia del discurso autonomista e, irónicamente, del anexionista de cultivar la semilla de una nacionalidad diseminada responde más al estancamiento, a la construcción eterna de un "jardín de los infortunios" textual que lamentablemente se evidencia en la praxis.

Otras opciones esperan por su merecido turno. Es posible la vida después de la renuncia.

..............................

**Notas**

[1] Este ensayo apareció originalmente en *Atenea*, 21 (TE), 2001, pp. 91-100.

[2] Para el lector actual el ensayo viene a ser un retrato particular del desarrollo de los discursos en el Puerto Rico colonial por parte de su servidor. Al momento de la presente publicación ya se ha erosionado el sistema político del territorio, lo que muestra de manera más tangible la naturaleza precaria de la relación con los EE. UU. Para aproximaciones más recientes y concretas véase: Ángel Collado Schwarz, *Truman y Puerto Rico: el origen de un proyecto descolonizador fallido*, San Juan, Fundación Voz del Centro, 2019.

**Obras citadas**

Cabanillas, Francisco. "La política de la ficción: La renuncia del héroe Baltasar", *Actas de la Asociación Internacional de Hispanistas. Tomo IV. Encuentros y desencuentros de culturas: siglos XIX y XX.* Irvine, California, University of California

Press, 1994, pp. 285-292. Juan Villegas, editor.

Garzaro, R. *Puerto Rico colonia de Estados Unidos*, Madrid, Editorial Tecnos, 1980.

González, Rubén, *La historia puertorriqueña de Rodríguez Juliá*, Río Piedras, Puerto Rico, Editorial de la Universidad de Puerto Rico, 1997.

Meléndez, Edwin and Edgardo Melendez, editoress, *Colonial Dilemma. Critical Perspectives on Contemporary Puerto Rico*, Boston: South End Press, 1993.

Memmi, Albert, *Retrato del colonizado* (1966), Buenos Aires, Ediciones de la Flor, 1980.

Rodríguez Juliá, Edgardo, *La renuncia del héroe Baltasar*, (1974), Río Piedras, Puerto Rico, Editorial Cultural, 1986.

---· "At the Middle of the Road", *Images and Identities. The Puerto Rican in Two World Contexts*, New Brunswick, U.S.A. and Oxford, U.K., Transaction Books, 1987, pp. 117-130. Asela Rodríguez de Laguna, editora.

Rodríguez Vecchini, Hugo. "Foreword: Back and Forward", *The Commuter Nation. Perspectives on Puerto Rican Migration*, Río Piedras, Puerto Rico, Editorial de la Universidad de Puerto Rico, 1994, pp. 29-102. Carlos Antonio Torre, Hugo Rodríguez Vecchini and William Burgos, editores.

# Pablo de Olavide o el optimismo: expiación y reiteración del lenguaje ilustrado[1]

> "de las desventuras particulares nace el bien general; de modo que cuanto más abundan las desdichas particulares más se difunde el bien".
>
> **Voltaire**, *Cándido*

Pablo de Olavide (1725-1803) es definitivamente una de las figuras más controvertibles de la segunda parte del siglo XVIII español. El peruano, que se establece en la Península hacia 1756, aparenta representar el modelo idóneo del hombre ilustrado, dado a la reflexión y discusión intelectuales y la gestación de proyectos encaminados a poner en práctica los principios éticos y prácticos de la edad de las luces, que se anclan en la noción del logro del bien común y de la felicidad general.[2] Armado con la pasión intelectual del momento, Olavide se ocupará de intentar llevar a cabo el ideario ilustrado en sus gestiones públicas. Después de su etapa limeña bastante matizada de por sí con conflictos de naturaleza legal, Olavide se establece en Madrid, donde se casa con la viuda Isabel de Vicuña en 1756, y el año siguiente comienza el período de sus afamados viajes por el extranjero que culminaron en 1765 como señala Defourneaux (35). Éste menciona también la importancia del viaje de Olavide por Francia que considera central para su formación intelectual, un tanto ajena inicialmente a la tradición hispánica. Conoció y pasó unos días con

Voltaire en su residencia de "Les Délices", a quien causó, según Defourneaux, una "buena impresión" (35-36). A su regreso, y en virtud de sus buenas relaciones con Campomanes y el conde Aranda, se le nombra director del nuevo Hospicio de San Fernando y del ya existente Real Hospicio en 1766 (62). A principios de 1767 se le designa síndico personero, puesto en el cual se distinguió por su intervención en las polémicas sobre el abastecimiento de la capital. Ganada la confianza del cuerpo ministerial de Carlos III se le nombra intendente de Sevilla a mediados de 1767 (69-72). De aquí en adelante comienza el papel activo de Olavide en la esfera pública española. Su nombramiento como director de las colonias de Sierra Morena constituirá su aportación más tangible al desarrollo social y económico de la España de su momento.[3] Seguro del favor real y ante la buena acogida que ha tenido su labor hasta entonces, tiene en sus manos la oportunidad de ejecutar la "utopía" por así decirlo, y llevar a cabo la creación de una comunidad ordenada y predispuesta a seguir un modelo de producción y población que serviría de ejemplo para mejorar la crisis urbana española. Como bien expone Defourneaux, el experimento de las colonias nunca se desarrolló libre de estorbos, fuera por la inacción o el malestar de los colonos, o fuera por la impertinencia de los enemigos del proyecto en la corte, que respondían a los intereses de las poblaciones vecinas y de los latifundios, temerosos del triunfo de un nuevo "orden" (150-175). No obstante los inconvenientes notables, Defourneaux indica que Olavide continúa la labor de colonización "lleno de confianza en el porvenir" y optimista de llevar a término su empresa (175). Al cabo de los años la labor de Olavide y los colonos rinde frutos admirables que llaman la atención del propio rey, aunque no pasarán tampoco inadvertidos para los enemigos del proyecto, que recurrirán a la Inquisición para condenar la "conducta" de Olavide (221).[4]

Aparte del afamado episodio de la colonización de Sierra Morena, el período de su administración en Sevilla presenta notables proyectos de mejoramiento económico y social propiciados por el gobierno central. Perdices Blas señala que entre las reformas sevillanas de Olavide se destacan la creación de hospicios, la habilitación del comercio interior, la propuesta de reformar los mayorazgos, las reformas para emplear las tierras de la Iglesia, la creación de sociedades modelo, el fomento de la industria popular, reformas de los gremios, propuestas para la navegación del río Guadalquivir, reformas culturales (en especial la polémica del teatro) y reformas religiosas (274-275). Como muestra de las intenciones reformistas estatales nos fijaremos en el proyecto de reforma universitaria encargado a Olavide, el *Plan de Estudios Universitarios* (1768), ideado para reestructurar el currículo de la Universidad de Sevilla. Por su subordinación al Colegio de Santa María de Jesús, la universidad sevillana se convierte en un blanco perfecto para la política de "desacralización" del currículo que se impone ante lo que Aguilar Piñal denomina "exceso de intervencionismo eclesiástico", condición que se debe cambiar ("Estudio preliminar" 46). Aguilar enumera los tres elementos fundamentales del *Plan*, que son los siguientes: independizarse del

Colegio eclesiástico, liquidar el "espíritu de partido" entre el profesorado y el alumnado, y erradicar el escolasticismo.

No obstante las recomendaciones del *Plan*, ni el apoyo de Campomanes que propició su aprobación por el Consejo de Castilla en 1769, la reestructuración nunca se llevó a cabo (60).

El *Plan* se divide en tres partes principales: el "Informe sobre el destino de las casas de la Compañía de Jesús en Sevilla", la "Idea general" del plan de estudios, y el "Plan" propiamente dicho, en el que se detallan los elementos curriculares. Ya en el "Informe" inicial, Olavide da muestras del optimismo típico de la mentalidad ilustrada, sin abandonar, obviamente, la referencia divina:

> Todos no hemos hecho cargo de que ésta es una crisis la más favorable que ha tenido en todos los siglos la Nación; que de ella depende la pública felicidad, y que si Dios quiere que se logren las iluminadas y rectas intenciones que el Consejo descubre, va toda España rápidamente a mejorarse. (*Plan de estudios* 70)

Saltan a la vista frases como "crisis favorable", "pública felicidad", e ''iluminadas y rectas intenciones". La primera expresión supone la visión analítica de quien acepta el prejuicio ilustrado, que Gadamer asocia con la emoción de las trabas y las limitaciones que han predispuesto la conciencia histórica del ser humano (276-277). Se parte de una interpretación del presente para evaluar las condiciones pasadas que lo han producido, a la vez que se proyecta una significación específica, en este caso la "crisis", que se lee como un apresto, un instante apto para la ejecución de una reforma que implica la consecución de un "bien general". Este bien general es la ''pública felicidad" que en Olavide implica la posibilidad de que el estado proporcione los elementos indispensables que redunden en el máximo bienestar individual posible. La frase "iluminadas y rectas intenciones" caracteriza sustancialmente el manejo retórico de Olavide. Apela y a la vez apropia la palabra de la autoridad oficial. Habituado a sus funciones institucionales y consciente de sus alianzas en la esfera pública, Olavide opta por plasmar abiertamente sus criterios sobre una reforma que debe efectuarse "con la ilustración que pide el siglo" (*Plan de estudios* 77), y se sentirá libre para atacar a la oposición que ya prefigura. "Rectas" apunta a una condición de certeza y deber, es decir, participa de una persuasión dual, orientada tanto a las autoridades de quienes depende la aprobación como hacia lo que podemos denominar el receptor "implícito", el mundo universitario anquilosado. También es notable el adjetivo "iluminada", en el que se ve claramente la combinación del concepto de "iluminación" religiosa con el concepto de las "luces" propio del ideario ilustrado.

Este tono dinámico, violento en ocasiones, se manifiesta más en la "Idea general". Olavide abre con la imagen gráfica de la Universidad como el cuerpo y el

Consejo como el alma, lo que ubica en las intenciones estatales el carácter divino, ante el cual la oposición queda devaluada, sin merito, reducida a un "estorbo" para el bien común. De ahí que su planteamiento inmediato se refiera a la enseñanza de los "verdaderos conocimientos" en la Universidad, de los cuales derivarían su "ilustración y provecho" (79). Momento seguido llama por sus nombres a los demonios que deben exorcizarse, los "vicios que infestan" el sistema que son el espíritu de partido y el escolasticismo. Para acentuar la necesidad de reforma, Olavide recurre a la discordancia cronológica:

> Para que la nación vuelva al antiguo esplendor literario de que ha decaído, poniéndose al nivel de las demás naciones cultas que le llevan dos siglos adelantados en descubrimientos y progresos, nos parece indispensable dar nueva planta a nuestros Estudios, contentándonos por ahora con estudiar lo que dichas naciones han adelantado; y esperando que luego que estemos en proporción con ellas, los genios españoles, siempre felices y vivos, sobrepujaran a los demás, como hicieron en los antecedentes tiempos. (80)

Olavide emplea una prosa clara y directa, por lo que su optimismo se comunica como algo determinante. Llama la atención el típico reclamo dieciochesco de un pasado áureo que ha decaído con el paso del tiempo.

Es de fundamental importancia lo que ha sido logrado durante este tiempo en las universidades extranjeras, aunque el carácter "feliz" (agraciado) del genio español se encargará de completar la transformación necesaria. La representación del cuerpo aparece nucvamcnte cuando critica "el espíritu de partido" que impera. La imagen del desmembramiento le sirve para ejemplificar el estado de deterioro vigente. Para Olavide, "España es un Cuerpo compuesto de muchos Cuerpos pequeños" que "mutuamente se oprimen" y "se desprecian" (81). Caracteriza de esta forma a los bandos intrauniversitarios que en nada aportan al progreso intelectual o social de la nación. Señala, sin embargo, que es el escolasticismo lo que ha hecho mayor daño al desarrollo académico. El mismo constituye un "espíritu de horror" que mantuvo a Europa bajo "siglos de ignorancia" hasta llegado el siglo XVII, "época feliz de la resurrección de las Ciencias" (84-85). "Feliz" vuelve a tener la connotación de "agraciada" que se sigue con la referencia a la "resurrección", traslado del sentido religioso hacia una mitología de lo científico. La dualidad discursiva en Olavide seguirá a través de su ataque al escolasticismo, "espíritu falso" que hace que se desconozca la verdadera religión contenida en los Evangelios (86-87). Se llega a la verdad, por lo tanto, por medio de la revelación y por medio de la experimentación.

Deseamos detenernos un poco en este punto. Hasta este momento se nos presenta con claridad los elementos de una contradicción que Olavide ha decidido obviar o en cierto modo empalmar. La felicidad puede referirse a la gracia ofrecida por la divinidad. Puede referirse a la noción de un bien común o al logro de una mejor calidad de vida de los que el estado sería responsable en gran medida. Y la felicidad habilita un cruce en el que el valor "realizativo" (agraciar) de la divinidad se extiende sobre la visión científica e institucional. En el discurso de Olavide opera o una síntesis de opuestos conceptuales, o una coexistencia de valores, en las que habría que determinar un empleo pragmático simultáneo o una relación de subordinación. Si se adopta la generalización de Gadamer sobre el prejuicio que caracteriza el pensamiento ilustrado, el discurso de Olavide consistiría en la subordinación del valor persuasivo del contenido religioso al esquema innovador del discurso científico que presenta de manera neutral (o al menos ajeno a la herejía). Sería este un primer análisis que disecciona el juego intencional de quien elabora un proyecto de cambio consciente del favor que le depara el núcleo central del poder. Vista desde otro ángulo, la retórica de Olavide se enmarcaría en un sistema conceptual complejo. La referencia al "cuerpo desmembrado" y a las "pugnas" que definen el partidismo y el escolasticismo vigentes, apuntan hacia una sintaxis de lo violento, y a la ruptura como su acto delimitador. En este sentido, la contigüidad de los conceptos referentes a la felicidad y al bien común, son ejemplo de lo que Foucault llama "continuidad plástica", proceso por el cual un significado esencial se manifiesta en y subyace bajo múltiples representaciones. De esta manera, las contradicciones constituyen una ilusión de la identidad subyacente, por lo que en la lectura final del análisis deben suprimirse (*La arqueología del saber* 251). No se trataría de una subordinación, sino que la misma tendencia que delimita y separa reordenaría, o mejor, recolocaría los valores diversos, sobrepondría uno sobre el otro, y de esta forma se traduciría a nivel textual en la coherencia discursiva que Olavide empuña.

Otro aspecto que se desprende del *Plan* es la conformidad de la felicidad comunitaria con el orden estamental. La reflexión que hace Olavide se aleja de la incitación o el desafío de Feijoo al público, característico del *Teatro crítico*, pero también se aparta del tácito menosprecio de Voltaire por el vulgo. Su equilibrio se basa en su fe en el estado, en que propiciará todo aquello que lo estabilice. De ahí que su comentada objeción a que los pobres se eduquen en el sistema universitario responde más que nada al temor de una desproporción laboral que afecte el orden social:

> No hay duda que se perderán muchos grandes ingenios que tal vez habría entre la gente pobre. Pero además de que no faltarán entre la noble y acomodada, pues el entendimiento no está coligado a la baja ni a la alta calidad, lo cierto es que la primera atención de un Estado debe ser cuidar de que no le falten las manos que lo sostienen. (*Plan de estudios* 92)

Se trata, por lo tanto de una felicidad funcional, atenta al orden político, y cuya proyección utópica se funda en las circunstancias concretas, de las cuales deben evolucionar los cambios. En esta actitud se nota un elemento de lo que Perdices Blas centra en la persuasión y denomina el "pragmatismo" de Olavide (289, 491). Podemos aquí ver la preocupación que muestra el Intendente por el financiamiento de cualquier proyecto, marca táctica de pragmatismo. Esto se nota al leer la sección del *Plan* referente a las rentas (110-115). Su pragmatismo coincide con la visión netamente moderna, al querer erigir los nuevos modelos a partir de las estructuras vigentes. Esto no implica una mayor cautela en su expresión, que como hemos visto, basa su audacia en la hábil combinación de conceptos conflictivos. Su entusiasmo se detecta hasta en detalles específicos, como cuando recomienda el estudio de la geometría y la política, disciplinas que según Olavide:

> son capaces de derramar de un golpe mucha luz en la nación, acostumbrándola a una exactitud de raciocinios que no podía conseguir sin la primera (geometría) y a una copia de ideas benéficas al público y convenientes al Estado, que debe inspirarle la segunda. Nos lisonjeamos de que estos dos estudios bien enseñados y seguidos serán bastantes a hacer en la Nación tan feliz revolución que en diez años de tiempo se conozca sensiblemente

su reforma y adelantamiento (117)[5]

No será menos cierto que su optimismo quedará interrumpido por la sensación de decepción, especialmente en la etapa final de su gestión en la colonización de Sierra Morena. El constante descrédito ante el Santo Oficio del que fue víctima el claro indicio, según Perdices Blas, de ser la persona adecuada para recibir un castigo dirigido a todo un equipo ilustrado (Aranda, Campomanes, Floridablanca, etc.) al que no podían encausar (352). Según Perdices Blas fueron cuatro las causas de la denuncia: el inseguro estatus social de Olavide (es decir, no pertenecer a la alta nobleza ni desempeñar un cargo de nivel ministerial), las diligencias de los enemigos que creó en diferentes cargos en Andalucía, la imprudencia a la hora de exponer sin cuidado sus ideas, y el abandono de sus amigos de la corte (357). Nosotros nos atreveríamos a aventurar otra, su condición de criollo. Lo que sí parece ser evidente en todo el asunto es que el propio optimismo de Olavide constituyó su caída, su conversión en mártir forzado y en chivo expiatorio. La Inquisición lo condenó en un "autillo" de fe en 1778, y a permanecer bajo arresto domiciliario en distintas partes de la Península.

Ahora bien, las circunstancias que rodearon la huida de Olavide después de su condena refuerzan la visión de que se trataba más bien de un castigo ejemplar orientado al escarnio público de todo un grupo de intelectuales y funcionarios públicos. Defourneaux señala que curiosamente el Inquisidor general Felipe Beltrán demostró compasión y ligereza en su trato del condenado, y sospecha, que en cierto modo habilitó las condiciones para que el propio Olavide ejecutara el escape hacia Francia (288-296). Olavide se establecerá en París en 1780, y volverá a frecuentar las tertulias de los ilustrados, esta vez en las reuniones organizadas por D'Alembert (308). Poco después se establece en el Castillo de Cheverny a instancias del conde Dufort, lugar donde recibirá las primeras noticias de la Revolución francesa y donde posteriormente redactara *El Evangelio en triunfo*, epistolario narrativo que somete a la imprenta en 1797. Defourneaux nos presenta una caracterización interesante del peruano en estos años:

> Aun cuando no poseamos, sobre el periodo de Olavide que transcurren entre 1789 y 1795, más que una documentación discontinua, basta para demostrar que la verdad se halla entre estos dos extremos: Olavide no representó en la Revolución el papel activo que le da la tradición; tampoco fue, desde el comienzo, el hombre asustado por los desórdenes revolucionarios que busca, en un rincón perdido, olvidar y ser olvidado. Su actitud ante los acontecimientos, abstracción hecha de las reacciones de prudencia que pudieron dictar en ciertos casos su conducta, refleja un complejo intelectual en el que el retorno cada vez más acentuado a la

> práctica de la fe no excluye la adhesión
> a las ideas "filosóficas" que han sido y
> serán siempre suyas. (315)

El Olavide escapado y establecido en Francia practica la "no exclusión" como eje de su marco conceptual. Continúa centrado en la dualidad, en la posibilidad de llevar a cabo tanto las aspiraciones ilustradas como la práctica de la fe, lo que se manifestará de manera patente en el texto.[6] Lo que ha logrado el castigo inquisitorial y la ulterior desazón por la Revolución francesa ha sido la inversión en la perspectiva, es decir, la yuxtaposición o el intercambio de los elementos contiguos o equivalentes en su ecuación conceptual. Si en el Olavide de la etapa reformista la retórica del cambio ilustrado anclado en el logro de la "pública felicidad" tiene preeminencia, en *El Evangelio en triunfo* será la urgencia del modelo católico la que incluya en su seno los elementos típicos de aquel discurso.

El "Prólogo del autor" ensaya una estrategia integradora de las dos visiones de mundo a partir del peso de la experiencia personal como autoridad referencial. Se presenta como testigo del origen de la espantosa revolución y emplea la máscara del hombre retirado que se permite evaluar desde un lugar marcado por el peso del sufrimiento de la contundencia de los sucesos que ha vivido y observado:

> Mi designio era ocultarme la vista de
> objetos tan terribles, y apartarme de
> los peligros y de las contingencias;

mi deseo vivir ignorado, repasar en la amargura de mi corazón los ya pasados días de mi vida, y meditar los años eternos. ¡Mas ay! la discordia, el desorden y las angustias se habían apoderado hasta de los rincones mas ocultos, y no quedaba asilo para la paz del alma. (I, iiii)[7]

El antagonismo fundamental se ubica en la "discordia" y el "desorden", elementos que se opondrían a cualquier intento de establecer un sistema, y en este sentido, causas de que no se pueda llevar a cabo ninguna empresa, léase la ilustrada o la religiosa. Olavide continúa su exposición recurriendo a la enumeración de los males que demolieron "los establecimientos mas útiles y respetables" (I, iii). La noción de la utilidad sigue rigiendo su discurso, lo que es importante al analizar el modo en que destaca sus puntos. La "abolición" de la religión se opone al establecimiento del "templo de la razón", lo que constituye una expulsión invertida en el sentido bíblico, es decir, el regreso de los mercaderes al templo:

El Dios de los christianos y sus Ministros fuéron arrojados del sagrado recinto; y en vez de los himnos religiosos que se entonaban al Dios de los Exercitos, no se escucháron ya mas que cánticos profanos, cantares lúbricos: en fin las casas de oración se convirtiéron en teatros inmundos destinados a fiestas sacrílegas y obscenas. (I, iv)

Este pandemonium se sigue entonces con una muestra del juego discursivo olavideano: "¿Quién podía imaginar, que en una Nación de las mas ilustradas se pudiese ver trastorno tan horrible?" (I, iv) La calidad de "ilustrado" no se riñe con la aceptación de la autoridad de la fe. Es connatural la relación entre ambas y en esta ocasión el manejo no se limita al concepto de "felicidad" sino que el concepto de "ilustración" propiamente vale como "sensatez", atenuación semántica conveniente a la hora de elaborar una estructura subyacente. El caos se debe a la "ignorancia" de la muchedumbre que no ha sido debidamente "instruida" en la "verdadera religión" (I, v). No estamos ante la clásica aceptación del dogma y del rito. La religión puede entenderse y explicarse, y de ahí que su instrucción devenga en un conocimiento de la verdad asequible por todos y que dará paso al reconocimiento de la verdadera felicidad. Se impone, por lo tanto, la necesidad de redactar un libro que facilite esta empresa y que no se ha escrito todavía:

Pero si este libro exîste, ¿cómo ó por qué no está en manos de todos? Y si no exîste, ¿cómo los que por interés, ó por amor desean que la Religión se conserve, no se apresuran á producirle y propagarle? ¿No es ya tiempo de precaver peligro tan horrible? ¿No

63

estamos en el caso de que se tomen las medidas mas eficaces? Hubiera dado mi vida por tener las luces y el talento suficiente para formar un libro tan precioso, tan necesario, y que consideraba como el mejor preservativo; pero esta empresa tan fácil para otros era muy superior á mis alcances. (I, vii)

Más allá de la falsa modestia se establece una racionalización del dogma. La religión no es el misterio que debe ocultarse y creerse con ciega obediencia. Este apoyo racional contradice la noción de la suficiencia de la revelación. La idea de redactar el libro que explica el libro responde, por lo tanto, a la visión ilustrada en la cual toda verdad es investigable y por ende, presentable. A su vez, de esta forma Olavide amalgama en un solo discurso el paternalismo religioso y el ilustrado. También reitera su clasismo intelectual, tan presente en sus escritos sobre la educación, al recalcar que los victimados por la violencia popular fueron los "nobles", los "sabios", y los "hombres mas virtuosos" (I, vii).

Olavide emplea el motivo del encierro y a partir del mismo fabula con el propósito de dar veracidad a su recuento con el mecanismo discursivo del hallazgo de un manuscrito (I, viii). Es el mismo instante en que reconoce su deuda para con *Las délices de la religión* (1788) del Abate Lamourette. El desvío del "Filósofo", personaje central de este epistolario ideológico, proviene de la alucinación, el delirio y las pasiones, y requirió del peso de la "evidencia" para reformar su vida (I, ix). Olavide insistirá entonces en concretar la educación del público, pues de esta forma se ejecuta "la propagación de una enseñanza tan importante a la felicidad de todos" (I, x). Aquí se plasma el matiz inverso de la "eudaimonia" moral y religiosa que una vez aceptada regulará de manera racional el orden civil:

> Comprendí pues, que podía ser útil la publicación de estas Cartas; especialmente en España, donde el Christianismo tiene su mejor trono. Esta nación generosa abunda de ingenios superiores, que á los exercicios prácticos de la Religión juntan todas las luces para escribir este libro necesario... Me pareció que le recibiria con gusto y con respeto, y que entónces añadiendo un convencimiento ilustrado á la natural solidez y constancia de su carácter, sabría sostener y conservar su culto... (I, x)

De esta forma se justifica la publicación del texto que asegurará el logro de la felicidad. Este equilibrio entre lo racional y lo religioso también manifiesta el optimismo de Olavide, presto a la consecución de las reformas que estima indispensables sin importar que facción ideológica goce del dominio en el momento. "Yo no tengo la ridícula manía de autor", declara y añade, "lo que deseo es ser útil" (I, xi). Se ofrece como instrumento de una reforma que pinta como fundamental y que connota el cruce del estado con la autoridad religiosa a primera vista. Más adelante resume los parámetros de su "eudaimonia", en lo que a todas luces se traduce como una utopía social y religiosa: "la firmeza de los gobiernos, la respetuosa obediencia de los vasallos, y la felicidad de todos dependen del amor y respeto que se tiene a la Religión", párrafo que cierra con la máxima de que "solo el Evangelio es la regla que puede producir la felicidad universal" (I, xiv). Olavide cierra su prefación, y por ende su presunta declaración de intención, recalcando la dualidad conceptual de que se ha valido al ofrecer un libro edificante pero racional, "devoto" pero filosófico (I, xvi). El libro, así visto, mejora "el libro que nos vino del cielo" por haberse redactado racionalmente.

En el cuarto tomo, sin embargo, Olavide presenta una serie de planes que no son otra cosa que el replanteamiento de las reformas que promulgaba antes de su condena inquisitorial. Central para la aspiración por un ordenamiento racional es el establecimiento de la "Junta del Bien Público", presentada en la "Carta XXXVIII", cuyo reglamento sienta las bases de una utopía plena, en la que todos los elementos de la vida social (producción, vida urbana, educación, ocio, etc.) se llevan a cabo bajo la aceptación de la paridad entre los aspectos religiosos y civiles. Olavide se fija en el más mínimo detalle. Un ejemplo tomado del "Estatuto de los inspectores" civiles es una prueba suficiente del rigor utópico al que aspira:

sus cuidados y afanes deben ocuparse en todo lo que puede ser útil y ventajoso á los vecinos de su quartel, teniendo por principal objeto todo lo que puede contribuir al servicio de Dios, al bien estar de las familias, y á la paz y tranquilidad de todos... Desde luego no permitirán ningún mendigo, ocioso ni vagamundo; y si hubiere entre los pobres de su quartel genios díscolos ó violentos, hombres que maltraten á sus mujeres ó sus hijos, dados al vino, ó que tengan otros defectos de aquellos que incomodan, y turban el orden de la sociedad civil, procurarán amonestarlos, corregirlos y amenazarlos con que se les privará de todos los socorros, y se les borrara de la lista de las familias de la sociedad (IV, 219-220)

Olavide propone punto tras punto atento a la posibilidad real de que el plan pueda ejecutarse. De ahí su respeto al orden estamental vigente, modelo funcional sobre el cual erige el plan. En ocasiones se permite enjuiciar desde la perspectiva de quien observa desde fuera las condiciones sociales de la España del momento. Así se desprende de sus comentarios sobre la responsabilidad civil de evitar la ociosidad (IV, 229), y su observación sobre la utilidad del lujo como medio de estimular la productividad laboral (IV,

230). La concepción dieciochesca del bien común se expresa ya de manera cabal, puesto que el presunto lector "oficial" sobreentiende que se subordina a la regencia religiosa. Como tales conceptos no se riñen, su enumeración de los objetivos principales de la sociedad responden al canon ilustrado, resumidos bajo la noción de la "felicidad pública" (IV, 246).

Nos parece claro, a la luz de los ejemplos presentados, el vigor y optimismo con que Olavide expone sus ideas sobre el bien común. Por otra parte, el escrito puede leerse desde la perspectiva de quien desea congraciarse con las autoridades que le han desgraciado. El texto es por lo tanto, un acto de expiación pública. La reivindicación ideológica comienza en su condena en la "Carta XL" de la filosofía moderna, a la que tacha de "arte diabólico" que lisonjea y se basa en sofismas para ejercer su seducción (IV, 284). Sin embargo, el centro de su reclamo de redención descansa en la caracterización y condena que hace de Voltaire" (IV, 290). Con esta oración abre un ataque feroz y excesivo, sorprendente para quien conoce la admiración que Olavide le profesaba al francés, pero precisa para quien quiere dar a entender que se ha limpiado del vicio que le desvió de la ruta de la fe. El discurso se vuelve un verdadero sermón, hábilmente pensado y dispuesto. En algunos momentos, la invectiva es brutal, y en su caracterización personal cala en la destrucción del hombre y la creación del monstruo:

> No era ya el empeño de un ingenio ardiente que procuraba acreditar sus

propias opiniones. Tampoco era la propensión innata del orgullo que aspira á dominar los ánimos en la propagación de sus ideas, y fundar un imperio en el dominio de las letras. Era la rabia de un ánimo irritado que aborrece al enemigo que persigue; el encono de la atroz venganza, que no sosiega hasta ver por tierra al odiado objeto de sus iras; y en fin el esfuerzo de una cólera ciega, que con implacable furor no se satisface sino con la ruina total de su contrario. (IV, 296)

En otros instantes Olavide recurre al menosprecio de la obra volteriana, tildada entonces de copia y repetición de los argumentos antirreligiosos tradicionales:

... Voltaire no había hecho otra cosa, que reproducir en este siglo las objeciones contra la Religión, que desde los primeros tiempos hiciéron los incrédulos... Que así todo el trabajo de este se reducía á renovar los antiguos sofismas, sin poner de su parte mas que el arte capcioso y la sofistería con que lo sabían revestir sus pérfidos talentos. (IV, 298)

De esta forma Olavide trata de eliminar las dudas que pudieran tenerse de su religiosidad sincera.

69

Incurre en un acto de violencia verbal destinado a la destrucción y al castigo, y elige al más comentado de los "herejes" de su siglo como el animal que sacrificará para purificar su imagen (y tal vez su conciencia). Él, que había sido el chivo expiatorio del que se había valido la Inquisición, convierte a Voltaire en el chivo de su propia expiación. Así visto, Olavide participa de la violencia institucional que le había destruido, y se reconstituye como seudo-inquisidor, papel que le permite el espacio religioso. En este sentido es importante el señalamiento que hace Pierre Saint-Amand en *The Laws of Hostility* sobre la máscara del discurso religioso y de cómo el "filósofo" dieciochesco la emplea para de esta forma aspirar al poder seductor del cual carece su discurso:

> The difference between faith and philosophy would seem to lie, rather, in the quality of their common fanaticism. In this dialectical confrontation, philosophy is the loser from the outset. It suffers from a lack of persuasiveness: the gap between philosophy and religion is the sacred itself... Philosophy can still find a way out, by fetishizing reason. If it is unable to convince others, it can attempt to convince itself. It invents itself as its own icon, its own idol. All the philosopher need do, in his delirium of envy and unseemly mimicry, is don the priest's habit. (56)

Es casualmente Voltaire el centro de la reflexión de Saint-Amand en su texto, el Voltaire excesivo cuyos ataques filosóficos se revestían del furor asociado con la imprecación religiosa. En la medida en que es consciente Olavide de esta diferencia radicaría la naturaleza de su estrategia. Dependería de ello la sinceridad o insinceridad de su ataque. Olavide, en este sentido, tomaría la máscara y la voz del fanático para así rescatar lo que pueda de sus ideas particulares ante la mirada de sus jueces implícitos, el estado español y la Inquisición. Otro ángulo de la reflexión de Saint-Amand sobre Voltaire, esta vez centrada en el Cándido, nos ilustra otro aspecto de la propuesta olavideana. Se trata de la granja (o huerta), de la sección final del texto en la que Cándido y sus acompañantes optan por construir un nuevo espacio utópico:

> True, the garden has the appearance of an individualist choice. But it is offered as an alternative form of sociality. Work as a ritual will put an end to collective violence by exercising individual talents for the good of the community. (69)

La propuesta de Saint-Amand puede aplicarse a la idea de la Junta del Bien Público expuesta por Olavide. Constituye así, no solamente un espacio "utópico" en el que se insiste como modelo, sino también el escape interior, el amparo en el cual se socorre y se protege de la violencia cíclica de la historia,

71

y en el que construye los muros de su dualidad.

No cabe duda de la importancia que tiene Olavide al ejecutarse una anatomía del simulacro totalizador del estado español moderno. El concepto de la felicidad como catalizador discursivo de los proyectos destinados a la "reforma" no cuaja ni corresponde con los "logros" adquiridos. El caso de la reforma universitaria ilustra bien este punto, incapaz de llevarse a cabo de manera íntegra ante el peso de las circunstancias que llevan a aliar al estado con sus "adversarios" institucionales. En *El Evangelio en triunfo*, por su parte, se presenta como un posible modelo de política pública de matiz utópico, diseñado para la ejecución de una administración más racional y abarcadora. Las condiciones de España impidieron el cumplimiento de cualquier intento en este sentido, incluso si se llevaba a cabo por individuos emprendedores, atentos, como Olavide, a incrementar el carácter funcional del estado. Sánchez-Blanco señala que el reformismo de Carlos III se orienta de manera conservadora, por lo que la educación universitaria no trascendió el marco humanístico y religioso, al cual meramente aplicó un "barniz moderno" centrado en la utilidad (132). Olavide, por lo tanto, es más bien el primero en una serie de víctimas intelectuales notorias del poder institucional borbónico de la segunda mitad del siglo XVIII. Puso a prueba el alcance de las intenciones reformistas del estado y en tal proceso sucumbió en el juego inmisericorde del poder.

Olavide fue entonces un agente activo que intentó ir más allá de las limitaciones que afectan el paso de la teoría a la práctica. Su optimismo resulta de la creencia en que las aspiraciones totalizadoras dirigidas al bienestar público apelarían al sentido común de aquellos que ejercen el poder, puesto que las condiciones resultantes generarían mayor confianza en la labor administrativa y reducirían al mínimo el fomento del malestar popular. Gilles Deleuze, siguiendo a Foucault, se fija en la contradicción existente entre las formulaciones teóricas y la práctica del poder:

> ... la teoría por naturaleza está contra el poder. Desde que una teoría se incrusta en tal o cual punto se enfrenta a la imposibilidad de tener la menor consecuencia práctica, sin que tenga lugar una explosión, incluso en otro punto. Por esto la noción de reforma es tan estúpida como hipócrita. O bien la reforma es realizada por personas que se pretenden representativas y que hacen profesión de hablar por los otros, en su nombre, y es entonces un remodelamiento del poder, una distribución del poder que va acompañada de una represión acentuada; o bien es una reforma, reclamada, exigida por aquellos a quienes concierne y entonces deja de ser una reforma, es una acción revolucionaria... ("Los intelectuales y la práctica del poder" 80)

Olavide corresponde tal vez al primer caso, y

es precisamente el fracaso de su gestión en este papel lo que denuncia la "hipocresía" o los límites de la gesta reformista. Ha de considerarse a la hora de descifrar el reformismo borbónico la prioridad que ejerce su agenda centralista frente a los restantes elementos característicos del supuesto reformismo. Quedan así en entredicho las nociones destinadas a definir los ángulos de la interpretación histórica de este periodo tan vital para entender la plenitud borbónica en España. La "eudaemonia" como concepto y aspiración se reduce al plano de una casilla, un espacio en el hilo discursivo de la supuesta "reestructuración". Olavide cae en el engaño implícito de la mentalidad ilustrada. Gadamer ha sostenido que el prejuicio ilustrado de que el conocimiento real se funda en el empleo libre y constante de la razón redefine el concepto de la "autoridad" en el intelectual moderno. De esta forma, razón y tradición se complementarían en la interpretación histórica (280-281). La experiencia de Olavide trastoca la trascendencia de esta ejecución intelectual. Si bien su intento de "innovar" caería bajo la visión de Gadamer de la ilusión racional del cambio histórico, más bien nos parece corresponder a una ceguera interpretativa. Olavide no ha podido "leer" bien el "texto" institucional, porque se trata de una "narración" (la del poder) deforme y no confiable.

Terminamos nuestra exposición recordando la idea expresada por René Girard en torno a los orígenes sociales de la violencia expiativa. La misma se agudiza en los momentos de crisis social (24). Por lo general se prefiere culpar a aquellos cuya diferencia notable de la mayoría en cualquier aspecto sirve para justificar la violencia, para conjurar el mal, y para clamar el terror a lo inexplicable o terrible (24-25). Este proceso se dramatizó una vez en el Olavide ilustrado ante el terror español de la propagación de las ideas francesas. Ante la crisis y la duda en torno al nuevo proceso político francés, el Olavide escapado, pero contrito, duplica su anterior suerte optando por cambiar de lugar y llevar la levita del acusador, culpando al muerto, como se diría popularmente, para expiar de manera inconsecuente y ajena a cualquier peligro los recovecos de su propia culpabilidad. Al manifestarse de esta manera su oferta sagrada, la tensión apocalíptica del entorno político queda un tanto conjurada, como nos deja entrever la popularidad de su texto. Poco se imaginaba Olavide que el verdadero apocalipsis tardaría algunos años, muerto ya el mensajero del conjuro, con la posterior invasión napoleónica.

..............................

**Notas**

[1] Este ensayo apareció originalmente en *Inti. Revista de Literatura Hispánica*, 55-56, 2002, pp. 93-107.

[2] Sobre esta idea, Deal W. Hudson expresa que es en el siglo XVIII que se establece la división entre el concepto de una felicidad moral y social, la "eduaimonia", y la felicidad centrada en el individuo o "hedonismo" (81). El llamado bienestar social viene a ser la transposición metafórica del goce individual, según se desprendería del sensualismo de John Locke en boga en las discusiones filosóficas (82).

[3] En torno al caso de Sevilla, Francisco Aguilar Piñal repara en la naturaleza abarcadora de sus necesidades: "Y la reforma, evidentemente, había de empezar por el Gobierno municipal

de la ciudad. Sin sanear la administración era imposible acometer ninguna empresa de envergadura. Algo fueron haciendo los sucesivos Ayuntamientos del siglo, sobre todo a partir de la estancia de la Corte de Sevilla en 1729, pero no pasaron de mejoras externas, encaminadas al adecentamiento del casco urbano. Más profunda era la reforma que se refería. Los defectos eran más de mentalidad que de negligencia" (*La Sevilla de Olavide*, 4-5). Para una exposición detallada, véase la totalidad del segundo capítulo de dicho texto.

[4] Central en la caída de Olavide a partir de la empresa de Sierra Morena fue el padre Romualdo de Friburgo, testigo capital de la acusación de herejía del Intendente. Para una descripción pormenorizada de la intriga, el proceso, la condena y los efectos posteriores de la misma véase a Defourneaux, pp. 233-285.

[5] Es interesante notar que para Olavide el modelo geométrico constituye una metáfora del orden. Sobre este elemento en la Europa dieciochesca se ha expresado David Harvey, que centra su atención en la importancia de los mapas y cómo los mismos representan la obsesión de la Ilustración para con la planificación, la reglamentación social y la organización del espacio (240-259).

[6] Enid M. Valle se ha fijado en el papel estructural que entraña esta dualidad, que indica los pormenores que ocasionan la publicación de la obra y explica la división en partes del texto, con lo que comienza el intento por convencer al lector de manera "ilustrada" (a través de la subsiguiente narración) de la verdad de la fe (136).

[7] Se respeta la ortografía de la edición manejada, la octava, de 1803.

## Obras citadas

Aguilar Pinal, Francisco, *La Sevilla de Olavide 1767-1778*, Sevilla, Excelentísimo Ayuntamiento de Sevilla, 1966.

---. Estudio preliminar, en Pablo de Olavide, *Plan de estudios para la Universidad de Sevilla*, Barcelona, Ediciones de Cultura Popular, 1969.

Defourneaux Marcelin, *Pablo de Olavide el afrancesado*, México, Editorial Renacimiento, 1965. Traducción de Manuel Martínez Camaró.

Foucault, Michel, *La arqueología del saber*, (1969), México, Siglo XXI, 1995.

Foucault, Michel y Gilles Deleuze, "Los intelectuales y la práctica del poder", en Michel Foucault, *Microfísica del poder*, Madrid, Editorial Piqueta, 1979.

Gadamer, Hans-Georg, *Truth and Method* (1960), New York, Continuum 1989.

Girard, Raneé, *El chivo expiatorio*, Barcelona, Anagrama, 1986.

Harvey, David, *The Condition of Postmodernity*, Cambridge Massachussets and London, Blackwell, 1990.

Hudson, Deal W., *Happiness and the Limits of Satisfaction*, Lanham, Maryland, Rowman and Littlefield Publishers, 1996.

Olavide, Pablo de, *El Evangelio en triunfo*, Madrid, Imprenta de Joseph Doblado, 1803.

---. *Plan de estudios para la Universidad de Sevilla*, Barcelona, Ediciones de Cultura Popular, 1969. Edición de Francisco Aguilar Piñal.

Perdices Blas, Luis, *Pablo de Olavide (1725-1803) el ilustrado*, Madrid, Editorial Complutense, 1993.

Saint-Amand, Pierre, *The Laws of Hostility*, Minneapolis and London, The University of Minnesota Press, 1996.

Sánchez-Blanco, Francisco, *Europa y el pensamiento español del siglo XVIII*, Madrid, Alianza, 1991.

Valle, Enid M., "La estructura narrativa de *El Evangelio en triunfo* de Pablo de Olavide y Jáuregui", *Michigan Romance Studies,* 12, 1989, pp. 135-151.

# Eros / logos: reiteración y desplazamiento en dos cuentos de Zoé Jiménez Corretjer[1]

La tradición narrativa se asienta sobre la ineludible traición al "logos". La palabra que pretende ser acción y poder al mismo tiempo, define el contorno de la autoridad. Seguimos de esta forma la tradición post-estructuralista, para la cual toda escritura supone cierta subversión al orden que le da forma u origen. Lo que a todas luces cobraría etiqueta de reflexión filosófica ha sido desde siempre un conocimiento subterráneo, o mejor, un secreto a voces compartido por quienes emplean la escritura como el medio para la recreación imposible de la realidad. Hita, Rojas y Cervantes comprometen al lector hispano con este estado de cosas, y han sido los que en esencia han dictado esta fatal ruta dentro de la tradición hispánica.[2] En la cuentística de Zoé Jiménez Corretjer se ensaya una modalidad de esta condición, sujeta tal vez a la urgencia de expresar el "eros" femenino dentro de un contexto caribeño contradictorio, a la vez liberador y asfixiante.

Para el presente análisis comentaremos dos relatos de su colección *Cuentos de una Bruja* (2000), "La falsificadora" y "Rouge". Ya el título de la colección presenta su filiación con lo que denominamos el rastro celestinesco de nuestra literatura. Se presume la falsa autoría de la "bruja", centro de la palabra y de la transformación, y por ello mismo se nos ubica instantáneamente en la zona

79

de lo ambiguo y cambiante. En "La falsificadora", Jiménez Corretjer adelanta una suerte de poética, un texto en el que se cifran las claves para proseguir con la lectura de la colección, si bien intenta a su vez adentrar al lector en el engaño y la confusión que caracterizan la escritura. La narradora se identifica con la falsificación, que presenta como una profesión de carácter casi ritual, al amparo seductor de lo secreto:

> Siempre me gustó el misterio. Siempre me pareció que guardar un secreto entre yo y yo misma, era lo más interesante. Y yo siempre fui fiel conmigo. Nunca me he mentido. Yo y yo sabemos que todo es un juego, que las mentiras son para los otros, no para mí.... Falsificar, es honorable. Siempre y cuando se hace a imagen y semejanza de los hombres. (5)[3]

En primera instancia resalta el reconocimiento de la universalidad de la experiencia. "Yo y yo sabemos que todo es un juego" nos lleva al espacio del artífice. La presunta "mentira" es la oferta. El lenguaje reclama para sí la vocación nefasta que le persigue. Ese "yo y yo" delata la circularidad de la expresión. El "yo" principio que origina el texto y el "yo" personaje se igualan como discurso. No haberse mentido nunca implica la honradez del acto que se presume reconocido por el lector apto, quien participa de esa "imagen y semejanza de los hombres". Ahora bien, otro elemento que ha de notarse es el empleo de las pausas. Las oraciones se mantienen agrupadas en lo mínimo. Cada oración es pausa de la precedente lo que impone una sensación de cautela en el lector. Incluso dentro de las mismas oraciones encontramos pausas poco comunes como cuando se lee "Falsificar, es honorable". La expresión natural no exige pausa, y esta más bien nos delata el juego mismo del que se ha estado hablando.

Pasa entonces la narradora a hermanar memoria y reproducción. "Copiar" implica convertirse en el original, que a su vez se vuelve "llave maestra" (6). Presenta así el registro de transformaciones: firmas, nombres, cosas, direcciones, etc. Tal acto, supone la unicidad, el convertirse en lo otro por medio de una suerte de "teatralidad" (7). Reproducción es entonces representación. Llama la atención, sin embargo, el rechazo a la bonificación económica: "A nadie le cobraba. Si cobraba, el juego dejaba de ser juego" (8). Se trata de otro reconocimiento, el del rival. La moneda es otro sistema de intercambio como el lenguaje mismo. La narradora aparenta rechazar la paridad en lo que parece ser un reclamo de mayor legitimidad. Declara que se traicionaría, como si fuese posible otorgar al lenguaje una identidad íntegra.

Su próxima proclama nos lleva al margen de lo animal: "Todo me huele, me entra por los poros…. he podido telegrafiar con mi nariz el mundo. Y hago un calco de todo. Transformo los sentidos. Lo que me huele, puedo cambiarlo a imágenes. Y la imagen de la sangre es muy bonita" (8). Ahora se adentra en el instinto, en el elemento más íntimo de la identidad. Esta condición implicará entonces el paralelo entre ficción y realidad: "amar y falsificar es casi lo mismo" (8). A partir de este momento ensaya, sin embargo, un intento de separarse de la tradición celestinesca. Define su oficio como "arte" y no "magia". Aparenta de este modo presentar una división donde antes siempre se ha reclamado un vínculo metafórico. Su defensa está en su pretendida posesión del secreto: "Existe un punto divisor entre la mentira y la realidad, pero dentro de este campo, hay un lugar cubierto por una lámina transparente donde solamente yo y yo sabemos todo" (10). Ahora bien, el discurso se traiciona a sí mismo cuando declara que el riesgo de falsificar se asemeja al de las drogas (10). Se instala así en los usos farmacéuticos que asociamos con toda "trotaconventos", lo que se afirma con el reconocimiento implícito que hacen "las viejas de la esquina" de que la narradora es bruja (11).

Ya establecido de modo problemático este vínculo, la narradora pasa a resaltar la naturaleza femenina de la representación a partir de la identidad tinta / sangre:

> Siempre me ha gustado el color de esa tinta. Porque se parece a mi sangre. Y mi sangre escribe. Es buena para esto. Y viene de adentro. Se sale suave y caliente. Emana del interior, de un lugar húmedo, raro y tranquilo, donde habita el tiempo. Y nunca me

> traiciona, no se equivoca. Es como la
> luna. Por eso la sangre y la luna se
> parecen. Y por eso me gusta pintarme
> las uñas de rojo y los labios, porque
> así le digo a la gente que soy de sangre
> calicntc y no mc tocan y mc dcjan cn
> paz haciendo mi trabajo. (12)

La referencia a la luna nos recuerda el carácter insuficiente de la escritura. Como el brillo de la luna, es reflejo o duplicación imperfecta de una realidad superior. La urgencia realizativa (performativa) se manifiesta en la escritura sobre el cuerpo. Declara que prefiere pintarse de rojo los labios y las uñas a modo de advertencia, como si debiera defenderse de algo o defender algo que oculta. Queda acaso especular que se trata del tiempo o lo que este implica: la sucesión que se repite, la narración. Este afán proteccionista se conecta a su vez con un curioso temor a la destrucción. Como buena bruja no desea sentir el fuego de la hoguera, pero resalta una diferencia al declarar que no cosería un himen (12-13), labor paradigmática del repertorio celestinesco. Ser bruja del siglo XX, quiere decir entonces ser consciente de la precariedad de toda representación.

Ahora bien, como con toda representación, el temor mayor se centra sobre la realidad misma. Un contradictorio hechizo socava los cimientos de este manifiesto. Se culpa a la esposa del barbero, otra mujer, otra posible bruja, de emplear "polvos blancos" para el embrujo (15). Entra entonces a participar de esta exposición la masculinidad, adscrita a la contundencia de la realidad, a la tinta blanca de la otra reproducción. El gusto supone el desvió de la acusación hacia la "otra", pero el horror a la reproducción en el espejo confirma la conciencia que se tiene del infortunio ineludible. Otro tanto se confirma cuando admite que se despierta y reconoce la "tropelía", es decir, que el sueño se ha hecho realidad (15). El cuento culmina con el mayor de los posibles horrores, la ruina del arte y del artífice, y el extravío del texto:

> Nunca más falsifiqué nada. Había llegado al colmo de la repetición. Esta falsificación había llegado muy lejos, y nunca supe si lo inventé yo, o una luz que entró por mi ventana. Cuando paró la tinta blanca, y se hicieron de queso las flores en mis brasieres, porque ya no botaba más leche, me robaron al niño. Y una doña dice que lo mataron, que lo vieron clavado en un árbol, porque era hijo de una bruja. (16)

Valga la metáfora, el texto puesto en el estante de la biblioteca o librería (el árbol), al acoso de la multitud que lo destruirá, es decir, que lo leerá y hará a su vez otra transformación que lo aleja más de su presunto origen.

"Rouge" retoma el hilo de la conciencia escritural a partir de la feminidad y el impulso instintivo, si bien el resultado será algo diferente.

En este caso es fundamental la dualidad discursiva que implica la alternancia entre tercera persona y primera. Comienza la narración in media res, en trance dinámico, en el momento en que a Magdalena, la protagonista, le llega la regla, es decir, en el cambio mensual de sangre / tinta: "Había caído mala.... Los goterones de sangre se mezclaban con la ducha.... Y pensaba en los glóbulos, en todos los secretos que esa sangre contenía. Era el color de su tinta que se cambia todos los meses" (21). Por supuesto que la elección de "Magdalena" por sobre "María" ya anuncia la perspectiva desde la que se construye la acción. Ante la sombra del rigor mariano, la narración pasa a la primera persona cuando Magdalena, o tal vez la dualidad narradora / Magdalena proclama su identidad: "Soy una mujer nueva. Con la luna me transformo. La perfección del tiempo la llevo dentro. Mi tinta es tinta del tiempo" (21-22). Desde este momento se vuelve a la unidad tiempo / texto. Esta vez, sin embargo, se labra desde el espacio del personaje y no del narrador, o bien se objetiva este último, se traslada hacia otro lugar donde el lector pueda posar sus ojos.

El mundo sensorial domina la narración. Se declara como elemento sine qua non del proceder del personaje: "Todo tenía que estar conectado a los sentidos" (22). Como ejemplo capital de este estado de cosas Magdalena hace referencia a la preferencia suya y de sus amigas por el beso: "Un beso de lengua... en aquella época soñábamos con un beso de lengua. Por eso nos veíamos como idiotas en la clase de historia, con la boca contraída tratando de sentir

lo que era un beso de lengua" (24). La obsesión recae
en la reproducción del pasado, en el querer duplicar
la experiencia sentida y aun deseada. La insuficiencia
de esta experiencia sustituta, el regodeo de las
lenguas en el interior de la boca, será contestada, al
igual que en el cuento anterior, con la escritura, la
escritura sobre el cuerpo:

> Siempre que me pinto los labios
> me acuerdo de Reynaldo. Cuando
> me hago líneas voy escribiendo de
> nuevo la historia de mi infancia. Mi
> vida entera esta en mis labios, no en
> mis manos como dice la bruja de la
> esquina. Que me dijo que mi vida
> sería larga, porque mis líneas se lo
> decían. Al menos, eso me gustaba.
> Porque a Juana le había dicho que
> sería muy corta, y a los tres días,
> Juana se murió. Pintarme la boca era
> recrear la vida en unos segundos. Y
> yo sabía que me pintaría los labios
> muchas veces. (25)

Escribir supone entonces una memoria. Ha sido su
elección, ya que rechaza la versión escritural que "la
bruja" le había presentado. Ahora bien, su rechazo se
ve matizado por el gusto, por la aceptación implícita
de la predicción, de la larga vida que presuntamente
se lee en su mano. Rechaza y acepta, es decir, escribe
(se pinta los labios) porque acepta una lectura (la
de la mano). Se plasma así el orden natural de leer

y luego escribir, exaltado nuestro personaje ante la promesa de que será así muchas veces.

La reproducción, sin embargo, no será siempre una experiencia positiva. Se confiesa un temor profundo a los espejos, es decir, a aquello que pretende reproducir con exactitud:

> Los espejos me dan miedo. Si se rompen te dan mala suerte por siete años. Una vez se me rompió un espejo. Y temblé porque era muy grande.... Con los espejos ves todo.... con esos cristales mágicos, puedes leer el alma. Si no sabes que hacer, te miras en el espejo. Entonces, puedes ver cómo has cambiado. Que cosas te hicieron distinta ese día. Y el espejo ve más allá de tu rostro. Y te puedes ver los huesos. Y te dan ganas de llorar. Por eso respeto los espejos. Son aguas endurecidas por siglos. Aguas donde mucha gente se ha bañado, agua petrificada que guarda secretos, y confesiones. (27)

El temor es entonces temor a la vida, a la experiencia real, al presente que delata lo que lo ha definido. Se reconoce la dualidad de la historia, la que sucede y la que se escribe, la que se recuerda y calla y la que se recuerda y presenta. Su peso se deja sentir. La acción pasará de la memoria a la visita. Magdalena recuerda el rechazo de un hombre luego de entregarle su virginidad (28). Se retoma así la presencia de la masculinidad y su aparente control del mundo real. Se encamina a su destino y rememora la humillación: "Magdalena lo había amado. Pero él, la había alejado de su vida después que ella se entregó. Sus relaciones habían sido increíbles. Se amaban. Pero el hombre consiguió lo que quería y la mandó pal' carajo" (28). Nuevamente nos llama la atención el empleo de la pausa. "Pero" supone continuidad con la idea anterior, por lo que usualmente se precede con una coma. El punto desea resaltar la independencia de cada acción, crear un ritmo lento que nos obliga a estar pendientes del detalle. Habrá entonces que volver la vista sobre lo que acontece. Una reflexión, sin embargo, nos desvía, cuando se recuerda el incidente de "Lucy", que bien resalta el malestar en que nos va sumergiendo:

> Aquel tipo, hijoeputa, que después que ella se entregó, el muy cabrón, miró la sabana y le dijo, en tono muy solemne, que estaba muy decepcionado porque ella no había sangrado y no era virgen. Pobre Lucy, me lo contó llorando y, todavía, cuando se acuerda, llora. Está cabrón que te digan eso la primera vez... (28)

El rencor se aglutina. El engaño se vuelve la condición compartida. En adelante las señas de la masculinidad serán objeto de burla y menosprecio, inicio de una venganza que se justifica en la superioridad perceptiva femenina: "Total, si ellos quieren sangre se la damos. A los hombre es fácil engañarlos" (28).

Es entonces que se nos lleva a lo que será el grado máximo de interacción. Se postula la venganza como una experiencia liberadora y a la vez como la suma total, como la única posible conexión entre las partes:

> Él no sabía que pasaba. Desconcertado, esperaba respuesta a sus preguntas. Magdalena no escuchaba. Iba directamente al grano poseída por un sonido estridente en el oído. Con su mano derecha tomó una estaca de espejo. Se cortó el dedo anular y lo limpio con su lengua. Tomó el trozo de espejo en alto, con reverencia y lo levantó. Comenzó el forcejeo, que duró muy poco. Magdalena se había cortado las manos, pero entre el movimiento, y la pelea le espetó el cristal en la barriga al novio. (29)

Ante la escena que se le presenta, el novio muestra el sello de su ignorancia. El acto de violencia se concreta con un pedazo de espejo, de multiplicidad, de aquello que infundía el terror. En la lucha se cortan ambos, se mezclan las sangres, se unen las tintas, pero quien inserta esta vez es ella, la que controla el conocimiento, la que reconoce la razón que subyace a toda posesión, a toda incursión y a toda agresión. El corte será en el abdomen del

novio, a modo de parodia cesárea, atenta Magdalena
a reforzar la idea de una esterilidad categórica, o
más bien, a mostrar lo que se oculta tras la carne:
sangre, tripa, desperdicio, lo único que como hombre
puede producir. El cuento termina con la vuelta a la
normalidad, con el retorno de Magdalena a su rutina,
a su definición. Una vez limpiada la sangre, el rojo
reclama su lugar primado:

> Se arregló el pelo. Se miró otra vez
> en el espejo. Sacó de su bolso el
> lápiz de labio terracota y lo miró.
> Titubeó unos segundos y hurgo en
> su bolso nuevamente. Sacó otro lápiz
> de labios. El rojo carmesí. Y con un
> gesto de beso que tienta, se lo paso
> por la boca. Se lo rego, y parando
> el piquito, se fue. Había honrado su
> promesa. (30)

Se opta por el color carmesí, el más brillante
de ambos. El terracota supone la sangre seca, la
sangre sucia, lo pasado y desprovisto de futuro, la
reliquia. Una vez decidido el color, se riega el mismo,
es decir, despliega la cuantía, la abundancia, en lo
que parece ser una amenaza, una muestra de poder.
El color no tiene que ceñirse al espacio limitado e
impuesto de los labios, puede mostrarse sobre todo
porque a todo pertenece. Honrar la promesa ha sido
culminar una venganza ineludible, basada en la
posesión del sentido, de esa unidad entre la palabra y
la pasión. Eros es logos. Y será la mujer la llamada a

determinar tanto su despliegue como su orden.

Nos hemos centrado en estos dos cuentos para cumplir con la misma promesa, la promesa de una venganza discursiva. Jiménez Corretjer se integra a la tradición celestinesca desde un ángulo fiel a la feminidad, e intenta vindicar el presunto abuso masculino de la palabra. La bruja desea hablar por sí misma y cortar de raíz la falsa pasión de los hombres, la falsa pasión del logos. La bruja traiciona el logos. Sin embargo, y como desde su origen se ha cuajado, ha sido el logos su materia prima, su generador de eros, su representación. Y como ella, nos hemos sentido tentados en la presente comunicación a desentrañar el misterio y revelar el crimen como testigos. He aquí la otra venganza, que no es venganza del inquisidor, sino venganza del desconocido y oportunista cómplice.

...............................

**Notas**

[1] Este ensayo apareció inicialmente en *Cuaderno de Estudios Humanísticos y Literatura*, 8, 2007, pp. 49-57.

[2] Como muestra, entre otras, de este planteamiento teórico en las letras hispánicas véanse: Hugo Rodríguez Vecchini, "La parodia: una alegoría irónica. Reflexión teórica a partir del *Libro del arcipreste y del Quijote*", *La Torre*, 6, 1992, pp. 365-432; Roberto González Echevarría, *Celestina's Brood*, Durham, Carolina del Norte, Duke University Press, 1993; Patricia Finch, "Rojas' Celestina and Cervantes' Cañizares", *Cervantes*, 9, 1989, pp. 55-62; José E. Santos, "Berganza y la Cañizares: del dialogo al texto", *Torre de Papel*, 9, 1999, pp. 8-19.

[3] Zoe Jiménez Corretjer, *Cuentos de una Bruja*, San Juan,

Tríptico Editores, 2000. En adelante, toda referencia a los cuentos se presentara en el texto entre paréntesis.

## Bibliografía

Finch, Patricia, "Rojas' Celestina and Cervantes' Cañizares", *Cervantes* 9, 1989, pp. 55-62.

González Echevarría, Roberto, *Celestina's Brood*, Durham, Carolina del Norte, Duke University Press, 1993.

Jiménez Corretjer, Zoe, *Cuentos de una Bruja*, San Juan, Tríptico Editores, 2000.

Rodríguez-Vecchini, Hugo, "La parodia: una alegoría irónica. Reflexión teórica a partir del *Libro del arcipreste y del Quijote*", *La Torre*, 6, 1992, pp. 365-432.

Santos, José E., "Berganza y la Cañizares: del dialogo al texto", *Torre de Papel,* 9, 1999, pp. 8-19. Reproducido en el libro *Al margen, la glosa*, Charleston, West Virginia, Obsidiana Press, 2018, pp. 9-24.

# Ejes de la intraducibilidad. Los dos lados del "traductor" en *La industria vence desdenes* de Mariana Carvajal[1]

> *...sed quasi captivos sensus in suam linguam victoris jure transposuit ...*
> Prefacio a Ester, San Jerónimo

En *La industria vence desdenes* (1663), Mariana Carvajal Saavedra no solamente nos presenta un texto que retrata el complejo entramado amoroso de la novela corta poscervantina, sino que de manera detallada es también una glosa de la comunicación, de la transmisión de signo y significado, y de la traducción, recepción y desciframiento de los mismos. Esta condición se evidencia tanto en el manejo de los personajes como en la selección discursiva que Carvajal pone en manos del narrador, y nos lleva a plantear la intraducibilidad como eje del conflicto del intercambio amoroso. Tal estado de cosas se basará inicialmente en la reincidencia constante de una serie de elementos propios de la interpretación como "acto", o tomados de la "historia" de la misma. En cuanto a esto último, nos parece fundamental la descripción de uno de los primeros momentos del texto. Nos referimos a un instante preciso y significativo en la estancia de don Pedro, clérigo y futuro tío de don Jacinto, en casa del Cardenal en Roma:

Tenía el cardenal en la sala de re-

cibimiento una pared que hacia
testera a propósito para ocuparla
con un lienzo al tope del ámbito. Y
como era tan eminente en la pintura
(don Pedro), tomando la medida,
se determinó acopiar el glorioso
San Jerónimo. Pintó a una parte
jaspeados y peñascosos montes y a
otro hermosos y pintados cuadros de
silvestres florecillas; árboles cubiertos
de silvestres frutas; arroyos que por
la verde y menuda yerba parecían
enroscadas culebras de rizada plata;
muchas aves y diversos brutos, y a la
boca de una espinosa gruta el glorioso
santo de rodillas sobre una peña,
salpicada de la sangre que le caía del
herido pecho al golpe de la pizarra,
con que infundía a un mismo tiempo
temor y admiración. (239)[2]

Ante la presencia de un espacio vacío, don
Pedro decide ocuparlo con la copia de un cuadro
con una escena de la vida de San Jerónimo. Será una
copia realizada por el propio don Pedro, un intento
por traducir la imagen del célebre traductor. Escoge,
sin embargo, un San Jerónimo anacoreta, alejado
del mundo y de las palabras. Evangelina Rodríguez
comenta en una nota sobre la matización iconográfica
a la que pertenece la escena, dando énfasis al
contraste entre el "locus amoenus" circundante y la
gruta o cueva como refugio o símbolo de renuncia o

muerte del sentido (239 n). Esto último nos parece vital para trazar las coordenadas de lo traducible y lo intraducible, el espacio intermedio que espera llenarse con el nuevo texto que es la traducción.[3] De tal suerte, don Pedro intentará copiar para llenar el espacio (o la carencia) de la pared (ocupar la gruta o desplazar el sinsentido). La placidez del paisaje circundante constituye el universo de lo representable, lo visible, o digamos mejor, lo plástico, los significantes. La significación no es representable, y lo único que la intuye es la ordenación que el ejecutante formaliza. El intento de don Pedro no se entiende como una burda imitación, sino que se estima y se paga por sus méritos: "Razón es pagar al pintor" (240). Así visto, se le iguala a los maestros pictóricos. El "traductor", será llamado entonces "pintor" (escritor), con lo que el texto reconoce la importancia de la mediación, la traslación como proceso indispensable de la comunicación, y la importancia del mediador, de aquel que sabe "traducir" la experiencia.[4]

A partir de estos elementos se organizará todo el entramado de la "fábula". Señala Mieke Bal el valor específico del agrupamiento, del modo en que se realiza, y las posibilidades de su desarrollo:

> La fábula como conjunto constituye un proceso, aunque a cada acontecimiento se le puede también denominar proceso, o por lo menos, parte de un proceso. Sabe distinguir tres frases en toda la fábula: la posibilidad (o virtualidad), el aconte-

cimiento (o realización) y el resultado
(o conclusión) del proceso. Ninguna
de estas tres frases es indispensable.
Una posibilidad se puede o no
realizar. E incluso si se realiza el
acontecimiento, no está asegurada
siempre una conclusión satisfactoria.
(27-28)

Tanto realización como resultado se verán
interrumpidos, y reestructurados en su alcance
semántico para los personajes. La novela de Carvajal
se lanzará entonces como un "espacio" en el que la
no aprehensión del significado y la mala lectura de
las señales arrojan a los protagonistas al abismo de
la desesperación. Cada instante cuenta, cada gesto,
cada palabra dicha o elidida, y cada marco en el que
se inscriben. Comunicación y traducción serán así
realidades idénticas en la construcción textual. Esta
identidad entre comunicación y traducción ha sido
ya señalada por el traductor y teórico George Steiner,
para quien cada acto humano implica traducir entre
los participantes:

Translation is formally and pragma-
tically implicit in every act of
communication, in the emission and
reception of each and every mode of
meaning, beit in the widest semiotic
sense or in more specifically verbal
exchanges. To understand is to de-
cipher. To hear significance is to

translate. Thus the essential structural
and executive means and problems
of the act of translation are fully
present in acts of speech, of writing,
of pictorial encoding inside any given
languagc. (iii)

Es justamente el concepto de "descifrar" la
clave para entender el curso de los eventos en la
obra. Tanto don Jacinto como doña Beatriz pugnan
por establecer un control sobre el sentido, un
dominio en el intercambio que implique a su vez
la conquista amorosa. La capacidad para traducir
el mensaje del otro será el índice, en este caso, la
imposibilidad de hacerlo implica la secuencia de
"desdenes" e "industrias". No resulta curioso, por lo
tanto, el énfasis desmedido que se da en la narración
al empleo de los "verba dicendi", lo que enmarca
cada instante del relato en el contexto de comunicar
e interpretar:

Don Pedro, con el uso de la razón, *dio
a entender* a sus padres se inclinaba a
ser de la Iglesia... (235)

Luego que las comenzó a *comunicar*,
le parecieron tan bien que estrechó
con ellas particular amistad. (242)

Apeáronse por excusar el estruendo
de las mulas, *dando orden* al mozo
las llevase a la posada y llegados a su

97

casa *dijo* el ciudadano que le *avisaba*
de que le buscaban dos forasteros. Y
como estaban con el cuidado *mandó*
que subieran, despachó al honrado
pobre dándole un socorro *diciéndole*
no se cortara en lo que se le ofreciera
y, quedando solo, *mandó* a los criados
que si le buscaban *respondieran* no
estaba en casa. (243)

Apartose la viuda porque su hermano
no *entendiera* nada, y mientras se
despedían se llegó don Jacinto y, sin
*decirle* nada, le echó la pera en la
manga. (260-261)

—¿Cómo será posible,  señora mía,
*significar* mi contento ni pagar tantos
favores? (268)

La cursiva es nuestra, y desea destacar el
hábil manejo de Carvajal, que llega a transformar
incluso el espacio del mandato en una variante más
del juego interpretativo, lo que crea un ambiente
totalmente permeado por el afán comunicativo.
Puede observarse incluso en la instancia puramente
narrativa, que se llena del empleo de "decir",
"preguntar" y "responder": "Con esto empezó don
Jacinto a decir tantos donaires, y la negra responderle
que no se podían tener todos de risa" (245).
Sabemos que don Jacinto se enamora de oídas (246),
convención que esta vez se acompaña con una esencia

de advertencia al decirle don Pedro a su sobrino que "doña Beatriz es tan esquiva que tiene fama de mal acondicionada" (245). Ese carácter esquivo es la base de la intraducibilidad. Los mensajes de doña Beatriz no serán del todo descifrados por el joven amante. Es irónico en este sentido la afirmación que sobre él hace doña Guiomar, madre de Beatriz, en el instante en el que se conocen: "—Júraralo yo—respondió doña Guiomar—, que un sobrino de don Pedro no había de saber responder a lo que se le dice" (249). Observamos desde el inicio del intercambio, que la mayor o menor posibilidad de interpretación descansa en la buena o mala habilitación del espacio intermedio, del paso, de la transmisión. El problema fundamental en este sentido es que, tanto don Jacinto como doña Beatriz, no logran emplear eficientemente este espacio, por lo que han recurrido a la comunicación directa, a la carta o billete de amor y a las canciones en momentos de inestabilidad, y a la lectura de las gesticulaciones corporales, instantes todos en los que el sentido expresado debe correr algún tenue velo que evite la comprensión de los demás. El resultado es la confusión, la incapacidad de traducir el "mensaje":

> Leído el papel creció la confusión diciendo:
> —¿Qué puedo hacer en esto? Don Jacinto es bizarro, yo desgraciada. Si le respondo le doy a entender que estimo su cuidado. Si no respondo dejo la puerta abierta a

mayores atrevimientos. (253)

Viola su rendido amante desde un corredor y resuelto decirla a boca algo de su mucho sentimiento, entróse tan de repente por no perder la ocasión que, asustada de verle y temerosa de que no la viese llorando, le dijo indignada:

—Brava grosería tienen los andaluces y no sé en qué funda vuesa merced tantas demasías. Váyase con Dios y no le suceda otra vez entrarse desta suerte.

Encolerizóse para decirle esto y, viendo su enojo de tal suerte se turbó don Jacinto que sin responderla se volvió a su casa… (262)

Esta lectura errada, este instante de intraducibilidad, es muestra de la no correspondencia de este elementos, del carácter ambiguo de todo lenguaje que pretende ser un código generalizado y público pero cuya realidad difiere en cada ser humano, diferencia fundada precisamente en el modo de recepción y percepción. Steiner resume así esta condición:

No two human beings share an identical associative context. Because such a context is made up of the totality of individual existence, because it comprehends not only the sum of personal memory and experience but also the reservoir of the particular subconscious, it will differ from person to person. There are no facsimiles of sensibility, no twin psyches. All speech forms and notations, therefore, entail a latent or realized element of individual specificity. (178-179)

La necesidad de entender al otro se vuelve necesidad de abarcar al otro. El lenguaje, obcecado con la furia de la posesión, revierte sobre sí mismo, sobre su naturaleza individual, sobre su núcleo de asociaciones que le permiten construir un marco situacional ajeno e intraducible para el objeto de su deseo para el otro. Un indicio claro de esta prerrogativa, en lo que constituye un reconocimiento ciego lo da Jacinto: "No hay dicha cómo tener imperio en las cosas" (259). Sin embargo, tanto doña Beatriz como don Jacinto, insistirán en su versión, imbricados por su soberbia. El reconocimiento de los celos de Beatriz por parte de Jacinto (270), no lo lleva a la final consumación del mensaje, sino al regodeo y el circunloquio del castigo y el aplazamiento, es decir, en la insistencia del poder. La única posibilidad para deshacer, o bien descifrar este texto circunstancial, será el mediador, el traductor que desde una posición privilegiada (dentro del marco y fuera del mismo) descorra el velo y construya así la tercera realidad, inaccesible para los litigantes. Curiosamente, el texto, en medio de una conversación entre Jacinto y su tío que se produce después de relatadas algunas de las consecuencias de la soberbia del joven, presenta un instante esclarecedor, da un golpe de gracia que desestima toda la complicación construida hasta entonces:

> Alentando, se determinó a pedir remedio, contándole todo lo referido. Y enseñándole el papel de doña Beatriz, pasó adelante refiriendo a lo que había respondido para obligarla a que se declarara diciéndole:
> —Y soy tan desdichado que el pesar que empezar que la vi la privó del sentido. Vaya vuesa erced a verlas y estima mi vida.
> Sintiólo don Pedro diciéndole:
> —Habéis andado necio en hacer tal disparate. Hubieras me dicho vuestro amor que yo lo hubiera remediado. (273-274)

Tal reconocimiento nos devuelve al principio. El cuadro de San Jerónimo tiene ante sí su homólogo en la trama de los amantes. La placidez coexiste con los peñascos inhóspitos, y al acecho queda la gruta oscura del sin sentido. Don Pedro será el San Jerónimo, aquél que posibilitará el sentido y llenará el vacío. La urgencia del traductor viene a ser la clave para toda la comunicación. Los golpes sangrientos del anacoreta se repiten en las lágrimas y las sangrías de los sufrientes. Don Pedro decide crear la copia del cuadro en el principio, y ahora, como remedio, reordena y enmarca el desaforado e inteligible estado de cosas. Doña Guiomar, Madre de Beatriz, actúa también como mediadora en algunos instantes. Ejemplo de esto lo vemos en uno de los encuentros entre Beatriz y el yacente Jacinto donde se manifiesta la tirantez de la incomunicación:

y como doña Guiomar se detuvo a preguntar el suceso, pasó doña Beatriz adelante, y llegando a la cama, tan turbada de la pena, arrebatada con el mucho pesar, le dijo:

—¿Qué es esto? ¿Cada día hemos de tener estos sucesos? Indignado de oírla, incorporándose en la cama, le dijo:

—Mujer Tirana ¿Qué me quieres? ¿Por qué te precias de atormentarme?...

Con esto se dejó caer volviéndose a la pared. No se atrevió a responderle porque ya venían su madre y don Pedro. Llegó yo doña Guiomar diciéndole:

—Hijo mío, volveos acá, mirad que está aquí doña Beatriz. (269)

Las implicaciones de este reconocimiento son cardinales para el análisis textual. La narración juega con el lado benigno, pero igualmente esencial del código hermenéutico. La bonanza implícita en el acceso al sentido se duplica, lo que dramatiza a las consecuencias de la ceguera soberbia de los "litigantes". El clérigo entraña e implica su contrapartida discursiva, la alcahueta o celestina. En este sentido Carvajal se aparta de las concepción de Rojas y de Cervantes, en las que la naturaleza "mágica" del poder de la retórica metaforizan el "hechizo" o la transformación por la cual la palabra se hace cuerpo o texto. Las "hechiceras" (Celestina, Cañizares) ejercen su control y su poder de manera tan impecable que no reconocerlas y atentar en su contra implica la caída, la no concreción de los "aspirantes" (muertes de Sempronio y Pármeno, rechazo de Berganza). Así visto, el mal clama por el espacio de la mediación, que a su vez prueba ser la única realidad que materializa el sentido (el texto). Sin embargo, Carvajal decide centrarse en su carencia, en la condición indescifrable que clama por la llegada de un revelador. El valor simbólico queda al descubierto en el entramado a los ojos del lector que reconstruye la fábula. La incapacidad para "leer" y reconocer este sentido impone el sufrimiento que retrata el vacío de ese espacio intermedio imprescindible. El logro final de la mediación restablece el orden y concreta la tercera realidad (la unión). De esta forma, el mediador no es maligno, sino sagrado.

La fábula, central es la descripción estructural de Mieke Bal, es por lo tanto el proceso mismo por el cual la significación se determina. El texto como realidad mayor se define tanto como el espacio de la mediación, y como la mediación misma. En este sentido, Carvajal desea descorrer el velo, mostrar, y no adentrarse en la gruta. La reconoce, la señala, pero advierte sobre ella, consciente del marasmo interior, de la inestabilidad del sentido y del tropo. Se decide por resaltar concientemente la ruta diáfana, por el río y no la culebra, Jerónimo y no las hechiceras. Tanto don Pedro como doña Guiomar se constituyen como marcas visibles y ordenadoras. La única falla o contradicción quizás descanse en la posibilidad de traducir este gesto "esclarecedor" como una delación, Como una muestra de la dualidad que entraña una posible condición maligna, representada por el despliegue de una trama obstinada y a la seducción sugerente de los símbolos que se han sucedido. Ha correspondido así a la persecución y a la ejecución del poder recomponer las claves de una significación que sólo podrán ser leídas desde fuera, desde el espacio del lector-traductor, del "observador", y tal vez del "cómplice". Ante el juego que establecen la imprecisión y la mediación, corresponderá a cada cual optar entonces, individual y aisladamente, por la mejor traducción.

..............................

**Notas**

[1] Este ensayo apareció originalmente en *Cuaderno Internacional de Estudios Hispánicos y Lingüística*, 1, 2001, pp. 39-44.

[2] Para el presente trabajo todas las referencias al texto se harán a la edición de Evangelina Rodríguez, incluida en la colección *Novelas amorosas de diversos ingenios del siglo XVII*. Editorial Castalia, 1987.

[3] La noción de este espacio intermedio, o de este proceso que lleva a la traducción, ha sido visto de varias maneras. Es Walter Benjamín el que reinaugura en nuestro siglo el debate en "The Task of the Translator ". El proceso consiste en encontrar el efecto de la intención de lo que se traduce en la lengua que se traslada, a la manera de un eco del original (76). El parecido o paralelo entre el original o traducido y la traducción sirve como índice de una lengua pura que "no longer means or express anything but is, as expressionless and creative Word, that which is meant in all languages" (80). Estás nación esencialista queda un tanto lacerada por Paul de Man en su artículo sobre este texto incluido en *The Resistance to Theory*. Para de Man será más bien un espacio de disfunción entre el símbolo y lo que se simboliza, lo que implica que toda ilusión de totalidad se da en la selección tropológica (89). Traducir es entonces rehacer. George Steiner, en *After Babel*, ha querido releer los postulados de Benjamin, y plantea como base este "proceso" la interacción y el entendimiento, al modo de un diálogo que pretende "interpretar" (18-31). Es este esquema interaccionar el que nos permite acercarnos al texto de Carvajal, que no solamente crea el espacio (el texto) según la posibilidad o no de interpretar que se da dentro del mismo, sino también en la mediación que crea fuera de éste (el lector).

[4] Es lícito también destacar los otros aspectos que se intuyen en la representación del santo. Nos llama la atención la duplicidad que lo fundamenta. La división entre espacio plácido y grotesco se refuerza con la caracterización particular de otros elementos. Así, los "ríos" son a su vez "culebras", y la "espinosa gruta" sugiere una metaforización del sexo femenino, el espacio desconocido, pero a la vez genésico que se destaca en la crítica sicoanalítica.

**Obras citadas**

Bal, Mieke, *Teoría de la narrativa*, Madrid, Cátedra, 1990.

Benjamín, Walther, "Task of the Translator", *Illuminations*,

**Glosas enrarecidas.** *Discursos, identidades, conflicto*
New York, Schocken Books, 1998.

de Man, Paul, *The Resistance of Theory*, Minneapolis and London, University of Minnesota Press, 1986.

*Novelas amorosas de diversos ingenious del siglo XVII*, Madrid, Castalia, 1987. Edición de Evangelina Rodríguez.

Steiner, George, *After Babel.* Oxford and New York Oxford University Press, 1992.

José E. Santos

# Polaridades de la escritura fundacional. Lope de Aguirre como icono ambivalente en la *Crónica* de Francisco Vázquez y en *Lope de Aguirre, príncipe de la libertad* de Miguel Otero Silva[1]

La naturaleza suplementaria de la escritura canaliza su mayor energía en la necesidad constante de presentarse como hito central, como protagonista misma de la construcción social e histórica. Su fuerza ha llegado a radicar sustancialmente en la mayor o menor capacidad para seducir a sus lectores implícitos. A su vez, esto ha supuesto la formación de identidades, la elección preferencial de elementos que delimitan el grupo social frente a la multiplicidad exterior (los otros) y la interior (los individuos). La narración ha servido como subsistema privilegiado de esta estrategia formativa. En un principio la poesía épica era la encargada del proyecto de definición cultural. Ya concluida esta etapa genésica es en la prosa que encontramos las coordenadas de esta labor discursiva. De igual manera, la pretensión abarcadora de la escritura ha querido reajustar esta proyección fundacional a través de la noción de una distinción de funciones, o tal vez, de una definición de intenciones. Dentro de los límites del siguiente trabajo nos fijamos en que la recepción, tanto popular como académica, ha privilegiado dos subsistemas que suelen oponerse como los polos definitorios de la prosa. Por un lado se define el discurso cientificista, conjunto en el que se amalgaman el tratado, el estudio y el discurso histórico, entre otros. Por otro lado se destaca la ficción narrativa, cuyo eje sobresaliente es la novela. Esta clasificación no queda libre de los problemas que impone toda lectura. La interpretación suele engañar y dejarse engañar por el entramado textual. Ante esta condición, la historia entendida como género, y la novela histórica, se ubican en este limbo que ha requerido finalmente del arbitrio canónico para definir su espacio.

En la presente comunicación deseamos incursionar un poco en este mundo intermedio, contrastando la selección discursiva de la *Crónica de la expedición de Pedro de Ursúa y Lope de Aguirre* de Francisco Vázquez (en adelante *Crónica*) y la novela *Lope de Aguirre, príncipe de la libertad* de Miguel Otero Silva (en adelante *Lope de Aguirre*). Para esto, tendremos en cuenta la posibilidad o no de definir estrictamente el marco de acción, el instante mismo de la construcción de la "historia" como concepto instrumental.

*Lope de Aguirre* es la penúltima novela de Otero Silva. Publicada en 1979, corresponde, según la crítica, a un segundo periodo en la obra del novelista. Tanto Alexis Márquez Rodríguez (189-193), como Nelson Osorio (34-41), señalan un primer conjunto constituido por las primeras novelas (*Fiebre, Casas muertas, Oficina no. 1, La muerte de Honoria, y Cuando quiero llorar no lloro*). En este ciclo, la representación "histórica" se viabiliza por medio del proceso contextual en el que se inscribe.

Osorio apunta:

> Tomando esto en consideración, es
> posible establecer que las primeras
> cinco novelas a que nos hemos referido
> están temáticamente estructuradas a
> partir del "espacio", del "mileu", del
> "medio ambiente", el cual funciona
> como el elemento estructurador del
> mundo poético. En ellas, tanto los
> personajes como el acontecer están en
> función de desplegar un mundo social
> en toda su amplitud. (36)

Lo contrario vendría a definir a *Lope de Aguirre*, obra en la que se explora el poder que llega a ejercer un personaje histórico sobre toda una concepción de la historia hispanoamericana. El problema que suele surgir en este sentido es direccional. La presunta influencia de la figura es realmente el producto de una lectura posterior, realizada por el escritor a la luz de alguna corriente ideológica, llevada a cabo para representar el momento presente, o para encontrar cierta continuidad tautológica a lo largo de la historia. Es la llamada "lectura épica", la transferencia que según Bakhtin, intenta validar el presente a la luz de un pasado heroico y originario:

> The world of the epic is the na-
> tional heroic past: it is a world of
> "beginnings" and "peak times" in the
> national history, a world of fathers

and of founders of families, a world of "firsts" and "bests". The important point here is not that the past constitutes the content of the epic. The formally constitutive feature of the epic as genre is rather the transferal of a represented world into the past, and the degree to which this world participates in the past. (13)

Otero Silva desea llevar a cabo dos procesos un tanto contradictorios dentro del mundo de la novela. Intenta desarrollar un despliegue técnico novedoso del discurso narrativo por un lado, y por el otro se dedica a caracterizar de manera monológica al personaje central, lo que facilitará la reinterpretación épica necesaria para su relectura de la historia continental. El dialogismo característico de la novela como género, se desarrolla en otro nivel, en el antagonismo o "diálogo" entre la obra y sus fuentes, las crónicas.[2] Entendemos que ese diálogo se extiende a la construcción narrativa de ambos textos, y al principio ordenador de los mismos.

Para Hayden White la selección de un "tropo maestro" fundamenta el hilo narrativo del discurso histórico, hecho que no lo aleja sino que más bien lo enlaza con el discurso de la ficción. Tales tropos constituyen estrategias de selección, características de todo tipo de discurso literario:

Así he postulado cuatro modos principales de conciencia histórica con

111

base en la estrategia prefigurativa (tropológica) que imbuye cada uno de ellos: metáfora, sinécdoque, metonimia e ironía. Cada uno de estos modos de conciencia proporciona la base para un protocolo lingüístico diferente por el cual prefigurar el campo histórico y con base en el cual es posible utilizar estrategias específicas de interpretación histórica para "explicarlo". (10)

Tanto Otero como Vázquez ejercen sobre los datos el ordenamiento de un relato, en el que el caos de los múltiples sucesos traza una trayectoria. Es acaso lógico pensar que Otero como novelista tenga esto presente desde el momento en que define como novela el proyecto que realiza. Vázquez, como cronista, aunque pretenda indicarnos que hablará de "todo lo que sucedió en la jornada" (47), también hará una selección de aquello que le interese resaltar y escogerá una forma para entrelazar la trama, según quiera caracterizar la empresa o, en la medida de lo posible, justificar su participación y ganar el favor de las autoridades. Esta constante en la caracterización de Aguirre ha creado un cisma en el aprecio de la figura de Aguirre, que bien puede dividirse en dos facciones: los que ven en él al loco o traidor demencial, y los que lo valoran de manera positiva como rebelde y precursor de la gesta libertaria americana. Emiliano Jos ha sido partidario de la primera opción, y Segundo de Ispizua ha sido quizás

el mayor partidario de la visión optimista (Marbán
274n). En cuanto a la descripción de los cronistas
opina Beatriz Pastor en *El discurso narrativo de la
conquista* que todo el despliegue de justificación, así
como la caracterización negativa de que es objeto
Aguirre responden a una desvirtuación de los hechos
en la que el "tirano" debe poseer características
monstruosas dentro del proyecto justificatorio de la
crónica (422). Jorge A. Marbán también sopesa el
valor de la insubordinación al fijarse en el discurso
de los cronistas:

> Las crónicas de los expedicionarios
> de Aguirre representan el punto de
> vista de vasallos leales que miran
> con horror la insubordinación de
> Aguirre contra su legítimo soberano.
> Esta circunstancia es explicable. La
> disensión, aún la pacífica, no era
> permitida en aquella época. (275)

También a favor de este punto se expresa Rita
Gnutzman:

> Se observa que todas las crónicas,
> a pesar de las numerosas contra-
> dicciones, tienen en común su lealtad
> (verdadera o fingida) para con el rey.
> No puede extrañar este hecho, puesto
> que sobre varios de los cronistas,
> precisamente los ex "marañones"
> ... pendía la amenaza de muerte por

113

traición a la corona. (115)

La crítica ha intentado, por lo tanto, sembrar la duda o resaltar la ambigüedad que rige la recepción de estos documentos coloniales. Por nuestra parte, concordamos con lo expresado por Beatriz Pastor en "Lope de Aguirre the Wanderer" donde remite la rebeldía de Aguirre a la decadencia del sistema de valores propio de la Edad Media, y la corrupción de la noción de lealtad:

> Ideologically, Aguirre's discourse in these writings (las cartas al rey y a otros oficiales) appears to be grounded in an acute awareness of the crisis of the central system of values, a crisis that Aguirre identifies with three major developments: The corruption of the political structure; the decline of the relation of vassalage; and the degeneration of traditional values. (92)

No estamos de acuerdo, sin embargo, con la perspectiva general presentada por Pastor en *El discurso narrativo de la conquista*, cuando presenta la rebelión como un eslabón en la creación de una conciencia diferente y "americana" (427). Entendemos que la rebeldía de Aguirre se fundamenta más en la noción del honor "ganado", producto de la obra, de lo trabajado en batalla o servicio leal a la corona. El discurso desarrollado en las cartas viene a ser entonces un eslabón en la trayectoria iniciada en el *Poema de Mio Cid*, y fundada en los valores expresados en la *Crónica de las doce sabios*. Aguirre dramatizaría la desintegración del vasallaje medieval.

Por su parte, la obra de Otero se construye al amparo dc la proyccción metafórica de la figura de Aguirre. Otero intenta relatar "la otra versión" al fabular la interioridad de Aguirre, su entorno, su juventud, y sus relaciones con sus allegados en todo momento. El centro de esta ficción, y por confesión expresa del narrador "autorial", será la coincidencia entre Aguirre y Simón Bolívar en el plano de la enunciación, lo que apunta al deseo de considerar al primero como precursor del segundo. Tanto para Eva Klein Bouzaglo como para Amaya Llebot Cazalis y Alexis Márquez Rodríguez son evidentes los paralelos entre ambos.[3] Este último, fijándose en la intención de Otero señala que tal interpretación:

> originó no pocas discusiones. Aun cuando en términos generales la novela mereció muchos elogios, dadas su importancia y sus excelencias literarias, fueron muchos los que censuraron aquello que entendían como propósito del novelista de revindicar la figura de Aguirre... "
> (204)

No merece quizás tanta atención, por lo imposible que se hace determinar la perspectiva correcta de los hechos, la valoración del eje intencional. Es válido este planteamiento tanto para Otero como para Vázquez. El juego textual, merece que se le enjuicie por el valor intrínseco de su construcción.

La proyección metafórica plantea el despliegue de una serie de transferencias. La condición ideológica del ejecutor va erigiendo una secuencia vertical de referencias que va identificando punto por punto hasta llegar al cielo raso, la época o los personajes reproducidos. Otero es fiel a esta mecánica. Si pasamos al texto podemos identificar varios momentos en los que se pone en práctica tal ejecución. En primer lugar se destaca la saturación del lenguaje anticolonial, lo que es históricamente recurrente en Hispanoamérica y que puede seguirse como un vínculo bidireccional (del pasado al presente y del presente al pasado). No se trata de poner en boca de Aguirre la queja en contra del orden real en América en sus instantes decisivos (las cartas reales y ficticias), sino que aumenta con el discurso que caracteriza otras modalidades de la queja, como la de Guamán Poma: "los corregidores los jueces los alcaldes los frailes los encomenderos, se alternaban para azotar mi carne y burlarse de mis llagas, son los mismos que despojan sin misericordia a los indios, por faltas mínimas atormentan a los yanaconas del servicio con cepos y grillos, o los despachan a remotas comisiones para forzarles las mujeres en su ausencia, fabrican falsos testamentos, prenden fuego criminal a caseríos enteros, les cortan las narices y las manos a los infelices que imploran justicia ... " (Otero 137).

En segundo lugar, es notable la selección que hace Otero de la representación dramática en algunas partes, en especial, cuando desea identificar a Lope de Aguirre con el Aguirre de los *Comentarios Reales* del Inca Garcilaso de la Vega, que fue víctima del castigo y abuso del alcalde de Cuzco Francisco Esquivel. En su trabajo ya citado, Marbán señala que Otero sigue a Ispizua (277). En este episodio, los paralelos con la pasión evangélica acentúan, de manera acaso exagerada, la caracterización positiva de Aguirre. A esta tendencia se le puede añadir los instantes en que Otero articula una prosopopeya continental: "aquí en los Charcas estamos arrinconados los rebeldes y los perseguidos en espera de nuestra circunstancia, los latigazos del rey de España siguen cayendo día y noche sobre mis lomos" (138).

En tercer lugar, el lirismo y la sensibilidad con los que Otero construye el testimonio o el discurso interior de Aguirre se vuelve un factor. Es quizás el mecanismo en que mejor se plasma la posible identificación del "yo" narrador-personaje con el narrador "externo", que a su vez remite al ejecutor "poeta", Otero: "no, me es posible soportar el peso de las piedras del Cuzco sobre mis espaldas llagadas, no me atrevo a pensar en las traiciones pues rompo a gritar a solas en mi casa en mi aposento en mi lecho, las campanas de la iglesia Catedral apagan mis voces" (156-157).

También es cardinal la nota del narrador en la que establece el paralelo con Bolívar de manera abierta. Después de esta intervención es difícil errar la intención reformadora y mesiánica de Otero. La

117

constante tautológica queda demostrada en su primera mención de Bolívar: "Hubo, sin embargo, un notable escritor, político y guerrero del siglo XIX, que no vio a Lope de Aguirre como un simple matador de gentes sino que lo juzgó esencialmente como un precursor de la independencia americana. Ese ensalzador de las ideas de Lope de Aguirre se llama Simón Bolívar y es conocido por nosotros los venezolanos bajo el nombre de 'El Libertador'" (259n). Resulta a todas luces interesante que la primera designación que recibe Bolívar es la de "escritor". Otero sella con esto la circularidad de la transferencia metafórica en la que se suceden personaje, persona y escritor.

Son notables otras dos facetas de la narración, como la corrección, que a modo de entrevista hace Aguirre de las muertes que se le imputan en las crónicas y la presentación de las típicas contradicciones históricas coloniales. La primera es precisamente el instante en el que el discurso narrativo de la novela se asemeja más al de las crónicas, y Aguirre, el personaje, lo interrumpe al modo en que lo hace un entrevistado o un detenido (265-278). La segunda se hace evidente cuando llegados a la isla Margarita ocurre el desembarco de Francisco Fajardo, oficial de la corona, mestizo, que viene a socavar a Aguirre. Éste le reprocha su lealtad al rey, ya que como mestizo debería estar del lado de los rebeldes para liberar a los indígenas: "Yo convido a vuestra merced a cobijarse bajo nuestra bandera y pelear juntos contra el rey español, procurando alcanzar la libertad de los indios" (284).

Por último, resalta la declaración final del

narrador, en la que se hace referencia a la pervivencia de la figura de Aguirre en la tradición popular y en la que vuelve a identificársele con Bolívar, recurriendo esta vez a la monta del caballo blanco (323-324). La nota hace las veces de un punto final que implica la no escapatoria del sincretismo.

En cuanto a la *Crónica* de Francisco Vázquez, destacamos el enlace metonímico con el cual construye su narración a partir de la premisa reiterada del fracaso y la catástrofe. El hilado metonímico supone que el espacio de la narración se llene de la descripción del entorno, y cada elemento de este entorno se emplea para dramatizar las consecuencias de la premisa inicial. Vázquez hecha mano de todo lo que puede. Su registro incluye descripciones antropológicas y geográficas, la narración de los acontecimientos y una constante interpretación fatalista y propensa a desligarlo de los llamados "traidores". Varios son también los elementos sobresalientes de esta ambientación negativa que supone la anticipación de la catástrofe. En primer lugar, la introducción de la fatalidad en el momento de la organización de la empresa: "Partido el gobernador Pedro de Ursúa de su astillero para la ciudad de Lima, para acabar de aderezar su jornada, por la poca posibilidad que tenía, en especial de dineros, a esta causa se detuvo por allá cerca de un año y medio y estuvo en harto poco de desbaratar la dicha jornada (que para él fuera harto mejor como adelante se dirá)" (51).

En segundo lugar, la autorización de su discurso en la intervención o la sanción divina de los hechos: "Este clérigo, según era fama, había hurtado toda esta hacienda a su cuerpo, tratando mal su persona así en el comer como en el vestir por ahorrarlo, y así permitió Dios se perdiesen los dineros y él murió en la jornada laceradamente y el gobernador y todos los que hicieron la fuerza murieron a cuchillo sin que ninguno saliese vivo de la jornada, que fue permisión de Dios" (53-54).

Finalmente, la integración de todos los elementos periféricos como índices de la catástrofe. Es singular su tratamiento de Inés de Atienza, que, al modo de una Eva, constituirá, no uno, sino el elemento clave en la tragedia: "En este tiempo vino a donde Motilones una doña Inés moza y muy hermosa, la cual era amiga del gobernador, y venía para irse con él a la dicha jornada, bien contra la opinión de los amigos del gobernador que se lo estorbaban, y él lo hizo contra la voluntad de todos, de lo cual le pesó a la mayor parte del campo, lo uno por el mal ejemplo y lo otro porque se decía que la dicha doña Inés tenía mala fama y peores hechos y mañas, la cual fue la causa principal de la muerte del gobernador y de nuestra total destrucción" (57).

En este particular, Otero contrastará con la versión de Vázquez. Dotará de lirismo y sensibilidad la figura de doña Inés, que viene a ser la única historia de amor verdadera dentro de la trama. Otero le confiere, no la maldad del hechizo o la paridad con la Eva bíblica, sino la suspicacia de tramar una venganza secreta e indirecta contra los asesinos de Ursúa (como si "usase" a Aguirre).

Como medida final de la comparación enumeramos tres instantes capitales para definir el diálogo entre Otero y Vázquez. Tal intercambio se basa en la legitimación moral de Vázquez en su propia crónica y la lectura que hace Otero de la misma. Vázquez indica en varias ocasiones su parcialidad hacia el rey, que es constante, y que llega a antagonizar "de facto" con el grupo de Aguirre. Los tres momentos son:

1. Vázquez se incluye entre los que no juran lealtad a don Fernando de Guzmán y a Aguirre después del asesinato de Pedro de Ursúa: "Hubo en esta junta tres soldados que claramente dijeron a los tiranos que no los querían seguir en nada contra Su Majestad, que el uno fue Francisco Vázquez y Juan de Cabañas, y Juan de Vargas Zapata: y no quisieron firmar ni jurar (87). La respuesta de Otero es no incluir a Vázquez entre los "valientes" de esta jura.

2. Vázquez se sume en el discurso religioso para así garantizar la aprobación eclesiástica de su narración: "He querido decir esto para que se entienda la mucha reverencia que debemos tener a nuestro Criador y Redentor y a su templo de oración y a sus ministros" (132). Otero, ante este elemento, realiza una inversión en el plano de los valores al exaltar de manera épica, al modo de un Lucifer caído, los exabruptos y las declaraciones heréticas de Aguirre: "No me desespera, estando vivo como aún lo estoy, conocer que mi ánima arde ya en los infiernos" (318).

3. Al finalizar la *Crónica*, Vázquez se exime de toda posible culpabilidad: "Esta relación hizo el Bachiller Francisco Vázquez, soldado del dicho tirano, uno de los que no quisieron jurar a don

Fernando de Guzmán por su príncipe, ni negar su Rey y Señor, ni patria. Es digno de crédito por ser hombre de bien y de verdad" (170). Vázquez, incluso, se presenta como el primer móvil de la desavenencia entre aquellos que quisieron desobedecer al rey. Otero se mofa de estas pretensiones, y en boca de Aguirre lo desmiente, lo desautoriza en el devenir de la acción: "Bordeando siempre la orilla izquierda nos topamos el humo de unos cuantos pueblos de indios, en uno de ellos bajaron a tierra cuarenta de mis hombres entre los cuales iba el muy embustero bachiller y cronista Francisco Vázquez" (247). Luego, cuando Vázquez huye junto a otros en la isla Margarita, Aguirre le recrimina: "Malditos sean todos los bachilleres de la tierra... Bachilleres son el Vázquez, el Zúñiga, y el Pedrairas, y fueron ellos los únicos que salieron con vida de este episodio. Vuestra Merced sabe perfectamente que siempre se han perdido las guerras porque los cobardes y los perjuros se pasan al campo del Rey" (267-268).

Los cronistas no solo son embusteros, sino que son unos cobardes. Parecería que Otero estuviera reflexionando sobre el papel del escritor en la sociedad. Prácticamente los culpa de terminar al lado de aquellos que ejercen el poder, y los responsabiliza en parte por el fracaso de los grandes proyectos sociales. Otero mismo pecaría de ser un "bachiller", y ante esta posibilidad determina caracterizar épicamente un personaje controvertible. La implantación de la "separación" bakhtiniana, y la búsqueda de ese espacio heroico vienen a constituir la rendición del escritor, su dimisión a favor de una expresión pura u originaria, que desea rehacer el entramado histórico para así dotar de sentido la realización del incompleto proyecto hispanoamericano. Sin embargo, el espacio de la novela, dada la complejidad discursiva en la que se desdoblan las voces y la ambigua perspectiva que subyace el intento de Otero de erigir la figura de Aguirre, imposibilita la trascendencia a la que aspira, quedando atrapado todo el discurso en el círculo definido por la narración, la "historia" y los personajes (tanto en su dimensión real como ficticia).

El "dialogo", que hemos propuesto inicialmente entre Otero y Vázquez, más bien debe entenderse como una interacción de modos de selección. El modelo metafórico de la novela fundamenta en su replanteamiento de la percepción de Aguirre la limitación dimensional del entramado metonímico activo en la crónica. Al construirse ésta bajo la óptica de justificar a su narrador, ni siquiera puede considerarse como definitiva o aclaratoria su relación con los "hechos". Por el otro lado, la novela es víctima de su propia naturaleza. El intento por hacer monológica la proyección de Aguirre entra en conflicto con los otros niveles de representación presentes. El lenguaje, las "perspectivas" y la estructura dan pie al desarrollo de tensiones y oposiciones que imposibilitan un único eje semántico. De esta manera se problematiza su pretendida relación con la gesta bolivariana y con el devenir histórico y social actual de Hispanoamérica. Lo expuesto hasta el presente no parece aclarar o ayudar a definir el espacio de la ficción histórica. La tarea queda amenazada al centrarse el debate sobre su naturaleza en el nivel de la representación retórica. Optar por una selección y asumir una responsabilidad ante esa selección para llevarla a la escritura no es un gesto distinguible o cristalinamente diferenciado. Se imputa a las crónicas de la expedición y rebeldía de Aguirre su parcialidad y su ademán justificatorio. No obstante, la novela de Otero Silva, al intentar reconstruir el origen de una conciencia libertaria hispanoamericana, tan sólo (o quizás) puede intentar reformular el único espacio referencial que sí posee, el espacio del escritor.

..............................

**Notas**

[1] Este ensayo apareció antes en *Cuaderno Internacional de Estudios Humanísticos y Literatura*, 6, 2006, pp. 42-50.

[2] Tanto Jorge A. Marbán ("Transfiguración histórica" 273n) como Rita Gnutzman ("Un ejemplo de recepción" 117) señalan que Otero se sirve de varias de las crónicas, lo que se evidencia además en la famosa "Nota del novelista" que aparece en la novela. Nos centramos en la crónica de Francisco Vázquez dada su notoriedad en la crítica reciente y por constituir una de las voces antagónicas que el narradorpersonaje identifica.

[3] Para Eva Klein la paridad con Bolívar constituye una relectura romántica de "revisión del pasado" que quiere "sembrar en dicho período la semilla de los cambios políticos que se cristalizarían apenas tres siglos más tarde" ("Lope de Aguirre: héroe emancipador" 111). Llebot Cazalis, por su parte, incluye la referencia a la "Nota del novelista" dentro de los aspectos técnicos de la construcción de la novela ("La novela de la búsqueda"116).

124

# Obras citadas

Bakhtin, M.M., *The Dialogic Imagination*, Austin, The University of Texas Press, 1981. Edited by Michael Holquist. Translated by Caryl Emerson and Michael Holquist.

Gnutzman, Rita, "Un ejemplo de recepción literaria: Lope de Aguirre recreado por Ramón J. Sender y M. Otero silva", *Revista de Literatura*, 50, 1988, pp.111-128.

Klein de Bouzaglo, Eva, "Lope de Aguirre: héroe emancipador". *Aproximaciones a la obra de Miguel Otero Silva*, Merida, Venezuela, Mucuglifo, 1993, pp. 105-111. J. Gerendas, compilador.

Llebot Cazalis, Amaya, "La novela de la búsqueda", *Aproximaciones a la obra de Miguel Otero Silva*, Merida, Venezuela, Mucuglifo, 1993, pp. 113-118.  J. Gerendas, compilador.

Marbán, Jorge A., "Transfiguración histórica y creación literaria en el *Lope de Aguirre* de Otero Silva", *Revista Iberoamericana*, 51, 1985, pp. 273-282.

Márquez Rodríguez, Alexis, *Historia y ficción en la novela venezolana*, Caracas, Monte Ávila Editores, 1991.

Osorio, Nelson, "La historia y las clases en la narrativa de Miguel Otero Silva", *Casa de las Américas*, 33, 1993, pp. 34-41.

Otero Silva, Miguel, *Casas Muertas. Lope de Aguirre, príncipe de la libertad*, Caracas, Ayacucho, 1985.

Pastor, Beatriz, *El discurso narrativo de la conquista de América: Mitificación y emergencia*, La Habana, Casa las Américas, 1981.

---. "Lope de Aguirre the Wanderer: Knowledge and madness",

José E. Santos

*Dispositio*, 11, 1986, pp. 85-98.

Vázquez, Francisco, *El Dorado: Crónica de la expedición de Pedro de Ursua y Lope de Aguirre*, Madrid, Alianza Editorial, 1989.

White, Hayden, *Metahistoria: La imaginación histórica en la Europa del siglo XIX*, México, Fondo de Cultura Económica, 1992.

# La disolución del "yo" en el *Libro de buen amor*: La puesta en práctica de los límites de la expresión[1]

De todos los planteamientos que ofrece al lector el *Libro de buen amor* (en adelante *Libro*), es el de la naturaleza del "yo" narrador y protagonista fuente todavía de una multiplicidad de interpretaciones. Lo que quizás podría entenderse dentro de patrones convencionales medievales, ciertamente atenta en contra de estos, se sale de la norma y señala el camino a la modernidad narrativa.[2] A nuestro entender, sin embargo, y fijándonos en las posibles implicaciones sobre su marco contextual, el discurso de la obra, y en especial su tratamiento del "yo", ya dramatiza la fragmentación y la indeterminación características de la expresión limítrofe, extrema y esencialmente critica. Nuestro acercamiento desea trazar los paralelos que esta fragmentación discursiva del "yo" presenta con actitudes criticas posteriores, en especial con la desintegración de la noción epistemológica del "yo" expresada por Hume, que, incidentalmente, como veremos, manifiesta la condición retórica de esta noción, y con la circularidad retórica expuesta por Paul de Man en relación a la representación autobiográfica. Ambas desintegraciones (la discursiva y la epistemológica) son índices de dos formas de articular esta actitud crítica extrema y, junto con el juego representacional del Arcipreste, imponen una lectura de sus contextos (y de todo contexto) en tanto en estos rige la indeterminación.

127

Son varios los acercamientos pertinentes a esta problemática. Felix Lecoy (citado por Seidenspinner-Nuñez) afirma que el "yo" sirve como una especie de marco que sujeta y da unidad a las secciones del *Libro*, que podrían haber sido compuestas en momentos diferentes (40). El "yo" también fundamentaría una unidad autobiográfica de carácter didáctico, que Américo Castro relaciona con *El collar de la paloma* de Ibn Hazm de Cordoba, y María R. Lida de Malkiel entronca con las "maqamat" hispanoárabes (Seidenspinner-Nuñez 40). Leo Spitzer, por su parte, en su "Note on the poetic and empirical 'I'", indica que el "yo" del narradorprotagonista es un "yo" universal o poético que recoge el sentir general del hombre medieval y que por lo tanto no se ciñe a una interpretación autobiográfica empírica (416). Este "yo" posee una mayor libertad que lo adecua para ejercer una función didáctica. Gybbon-Monypenny, en "Autobiography in the *Libro de buen amor*", ubica la obra en la tradición literaria europea. Considera que la obra está relacionada con un género que denomina "pseudo-autobiografía amorosa", género al que asocia obras como la Espinette Amoureuse de Jean Froisart, la *Vita Nuova* de Dante, el Frauendienst de Ulrich von Lichtenstein, y el *Voir-Dit* de Guilaume de Machaut, entre otros (70). En estas obras se presenta al autor-personaje como un poeta cortesano que narra sus vivencias amorosas e intercala entre éstas sus poemas, lo que crea una cadena narrativa en la que se aparenta un discurso autobiográfico (70-71). Para Gybbon-Monypenny, el *Libro* se inserta en esta tradición, si bien su intención es la de parodiar el género (78).

Anthony N. Zahareas, en *The Art of Juan Ruiz, Archpriest of Hita*, considera que el empleo del "yo" responde a una técnica narrativa en la que el autor juega con la posibilidad de establecer una identidad entre el autor-narrador y el autor-protagonista. Tal juego se construye con una serie de "golpes" con los que la ironía ejecuta su entramado:

> Juan Ruiz's irony hits the reader like a flash of lightning which strikes and illuminates; by means of its illumination the reader looks back and sees the artifices used to accumulate a charge contrary to the apparent purpose. (..) Similarly, there appears to be a distance between the secular narrator and the commentator; yet the distance is constantly bridged in such a way (one reflects the tone of the other) that the reader finally sees that any distance far didactic purposes is only pretentious and illusory. (42)

La observación de Zahareas se aparta un poco del intento de definir el marco intencional del Libro. Al centrarse en esa "acumulación de artificios" e indicar la sensación de distancia que desata el discurso, desestabiliza cualquier pretensión de fijeza textual. Su juicio lleva la problemática al autor mismo como ejecutor u orfebre. Seidenspinner-Nuñez, luego de presentar un análisis del episodio de

Don Melón y Doña Endrina como una sátira de la tradición del amor cortes y de reafirmar la confusión entre narrador y personaje, concluye también que se debe hacer un acercamiento al autor como artista a la luz de la estructura de la obra:

> It is futile, therefore, to attempt to pin down to any one mask a poet who clearly prides himself on his mastery of voices and attitudes and to approach the LBA by means of an equivocal narrative persona. The alternative is to seekc some kind of coherent infrastructure in the Libro itself by examining what the poet does as an artist rather than what he says as narrator (54-55).

El trabajo mayor será trazar el vínculo entre la multiplicidad de máscaras y voces. El eje referencial que suponemos como base de la expresión lingüística comienza a mostrarnos el alcance de sus limitaciones a la hora de ubicar el lugar del "yo". Este "yo" poético, didáctico, autobiográfico, paródico y en esencia "confuso", nos llena las manos de una serie de posibilidades interpretativas. Al quererse delimitar la relación entre intención y discurso, recurrir estrictamente al modelo autobiográfico presupone una problemática abismal que, como nos recuerda Paul de Man en "Autobiography as De-facement", atenta contra la posible delimitación genérica:

The autobiographical moment happens as an alignment between the two subjects involved in the process of reading in which they determine each other by mutual reflexive substitutions. The structure implies differentiation as well as similarity, since both depend on a substitutive exchange that constitutes the subject. This specular structure is interiorized in a text in which the author declares himself the subject of his own understanding, but this merely makes explicit the wider claim to authorship that takes place whenever a text is stated to be by someone and assumed to be understandable to the extent that this is the case. (10)

La crítica demaniana insiste en dos puntos esenciales que, como veremos, en el *Libro* aparecen y reaparecen a la manera de un eco interminable: la diferenciación y la similitud, vistas en cada conjunto de elementos temáticos, y la sustitución y el intercambio, vistos en el narrador-moralizador, narrador-personaje y entre personaje y personaje. Estos puntos nos acercan a la orfebrería, a la ejecución que se vale de la confesión y el discurso moralizador como elementos hiladores de una tercera realidad que será el texto. De no detenernos aquí nos precipitamos por el abismo demaniano, eco de la disolución ontológica expuesta por Hume. De Man, al reflexionar sobre este lenguaje, señala:

> The language of tropes (which is the
> specular language of autobiography)
> is indeed like the body, which is like
> its garments, the veil of the soul as the
> garment is the sheltering veil of the
> body. (80)

Si en este lenguaje (autobiográfico, pseudo-autobiográfico o ficción alegórica) se encuentra la clave hacia toda posible estructura e interpretación, al quedar caracterizado el mismo como prosopopéyico nos quedamos ante la multiplicidad de máscaras que de este lenguaje pueden emenar con la doble posibilidad de plasmar o confundir la "identidad". En un momento en que de Man se acerca a la teoría de la realidad pictórica de Wittgenstein, nos afirma:

> To the extent that language is figure
> (or metaphor, or prosopopeia) it is
> indeed not the thing itself but the
> representation, the picture of the
> thing, as such, it is silent, mute as
> pictures are mute (80).

Visto como retrato, el lenguaje es infranqueable. La representación múltiple que construye el *Libro* pone en práctica la imposibilidad de toda manifestación retórica que se declare fundada en una referencia ontológica. La dramatización mayor de esta condición la expresa Hume en su *Treatise of Human Nature*, al hablar de la identidad misma como realidad:

> (..) all the nice and subtle questions concerning personal identity can never possibly be decided, and are to be regarded rather as grammatical than as philosophical difficulties. Identity depends on the relations of ideas; and these relations produce identity, by means of that easy transition they occasion. (..) All the disputes concerning the identity of connected objects are merely verbal except so far as the relation of parts gives rise to some fiction or imaginary principle of union. (310)

La identidad, el pretendido "yo", solo se transparenta en el eje de las relaciones y asociaciones. Esta realidad es verbal y a su vez se caracteriza por ser transicional. No es posible la fijeza; lo que dificulta la tarea de aprehender, integrar, y conocer, no sólo la integridad externa y el sentido interno del *Libro*, sino la naturaleza de su "yo" enigmático. Trataremos de concentrarnos en la manera en que surge y resurge este "yo".

Ya la cuarteta 1 inscribe la referencia al "yo" en el espacio donde se suscita el debate sobre la llamada prisión "real" o "alegórica" del Arcipreste. De aquí pasamos al "yo" no menos problemático del "sermón-prólogo", que presenta la voz del narrador-moralizador, seguro, "documentado" en los maestros de la fe y que, sin embargo, invierte las "intenciones" del libro según le sean de provecho al lector. Este movimiento marca el primer momento de la sustitución y el intercambio, que aún espera para dar fruto en el piano de los personajes y las "personalidades". El subsecuente desfile metamórfico de los elementos relacionados con la identidad es harto conocido. Algunos de estos son:

1. En la apertura, en la cuarteta 19, se identifica como autor: "por ende yo, Joan Roiz": "E porque de todo bien es comienço e raíz / la Virgen María, por ende yo, Joan Royz, / Açipreste de Fita, d'ella primero fiz / cantar de los sus gozos siete, que ansí diz:".[3] La cuarteta es llamativa puesto que sigue a las referencias en las cuartetas anteriores (16-18) de la idea del meollo y la corteza, es decir, ese "en feo libro está saber non feo", la posibilidad múltiple de significaciones encubiertas que anticipan la naturaleza movediza (la Luna) del conocimiento. Así las cosas, las identidades se complican al apuntar tal discernimiento a la tradición del sagrado femenino al ampararse en la Virgen (Diana, Minerva, etc.) como "raíz" de todo bien, revelando la complejidad que ha compuesto la tradición católica, tan sincrética.

2. En la cuarteta 70 se produce la metamorfosis más rara e interesante: "De todos instrumentos yo, libro so pariente". La cuarteta sigue al episodio del debate entre los griegos y los romanos, en el que el tema de la confusión y la impermeabilidad del lenguaje se manifiesta. Se presenta inicialmente

la noción de la accesibilidad cuando se invoca la validez de "todo instrumento", es decir, dentro del marco medieval , la posibilidad de echar mano a cualquier instrumento musical para acompañar, signo de que todo aquel con suficiente "instrumentación" (inteligencia, manejo del lenguaje) sabrá reconocer bien la multiplicidad semántica.[4]

3. Entre las cuartetas 71 y 76 se da la transición del narrador-moralista al narrador-personaje: "E yo como soy omne commo otro, pecador / ove de las mugeres a las vezes grand amor...". El narrador-personaje se inaugura en la cuarteta 77: "Assi fue que un tiempo una dueña me prisso". De aquí en adelante se irán intercambiando ambas personalidades del narrador según se recuenten las presuntas aventuras amorosas o se pase a la reflexión de un "yo" que se autoevalúa o evalúa el contexto referido. Es además la base para que el lector detecte una ambivalente proyección de la identidad, que por medio de la paródica escenificación comunica a su vez un inherente sesgo de desazón y ansiedad.

4. En el episodio de Don Melón y Doña Endrina, el "yo" narradorpersonaje se vuelve personaje (Don Melón), impuesto por la voz de otro personaje (Trotaconventos), y ultimado por el propio narrador en la cuarteta 909: "dixe la por te dar ensiemplo, non por que a mi vino". Además se da la identificación del "yo" autor con este personaje en la voz de Doña Endrina en la cuarteta 845: "Que mucho faría por mi amor de Fita".

5. El "yo" de las "cánticas de serrana" (cuartetas 959-971, 987-992, 997-1005, 1022-1042), más

poético y tradicional, pero que sin embargo, presenta un juego paródico en el que se cuela nuevamente un sentido de ansiedad por parte de ese "yo" que en teoría ha seguido recomendaciones (Don Amor) para la conquista amorosa y se ve "dominado" por las serranas (Chata, Gadea, etc.).

Dentro de esta multiplicidad hay varios instantes cardinales que intentan hilar cierta cohesión conceptual interna para el resto del texto. Uno de estos se percibe en la insistencia discursiva del "sermón-prólogo" de subrayar el valor de la memoria para aquel que escoja el buen camino:

> E desque el alma, con el buen entendimiento, e buena voluntad, con buena rremembranza, escoge e ama el buen amor que es el de Dias, e pone lo en la cela de la memoria.... E por ende devemos tener sin dubda que buenas obras siempre están en la buena memoria.... E aun digo que viene de la pobredat de la memoria, que non está instructa del buen entendimiento. (106-7)

La memoria amalgama las otras dos actividades "mentales" en que se insiste, el entendimiento y la voluntad, para crear un todo, una especie de "conciencia maestra" que intentara subyacer a la largo del entramado. De igual manera se va inaugurando tanto el elemento de la elección como el valor relativo de lo que pueda entenderse. Esto da paso entonces a la ya comentada cuarteta 70, muestra de la metamorfosis más llamativa: "De todos instrumentos yo, libro so pariente: / bien o mal qual puntares, tal te dirá ciertamente, / qual tu dezir quisiercs, y faz punto, y, ten te; / si me puntar sopieres, siempre me avrás en miente". Aquí se desborda esta "conciencia maestra'. Participa abiertamente de una doble intención en el mensaje, es decir, que se llega tanto al buen camino como al malo a través de este "instrumento", el cual, a su vez, reclama para sí la condición y la categoría de memoria misma mediante la prosopopeya "yo, libro". La identidad se mediatiza en voz, intención y libro mismo, lo hecho, lo producido (la instrumentación como hecho, el lenguaje). Tal noción apunta a la naturaleza transicional de un "yo" que tiene que tomar la forma de su producto, trasladarse al efecto que intenta ser memoria de toda causa. Esta pretensión desea mover la razón o intención para que ocupe el espacio de la verdad. Un posible paralelo en el plano epistemológico lo ofrece Hume cuando señala:

> Our reason must be consider'd as a kind of cause, of which truth is the natural effect; but such-a-one as by the irruption of other causes, and by the inconstancy of our mental powers, may frequently be prevented By this means all knowledge degenerates into probability (231).

Acecha a esta relación causal la inconstancia, lo que nos deja meramente con la probabilidad como eje. En el discurso del *Libro* la urgencia de verdad de la "conciencia maestra' cede ante la inconstancia natural de los hechos humanos y se abre al juego de la doble intención, que solo atenúa el carácter derrotista de SU proposición por medio de la parodia.

La ulterior fragmentación de esta memoria manifiesta en el *Libro* se dramatiza en el constante intercambio y la sustitución que se da entre personajes y personalidades. Ese "yo" que narra, que es personaje, que cambia su identidad en voz de un personaje (Don Melón), y la voz que pasa de seria a paródica, que se esconde, que pasa del narrador al personaje que toma las riendas (Trotaconventos), y que se identifica con el libro mismo, no es sino la consecuencia de ese flujo de transiciones intermitentes en el que no se puede detectar una voz única. Este "yo" se mueve y los cambios no tienen que responder a una estructura de carácter lineal y ordenado. Salta, juega y se vale del lenguaje para dirigir o desviar a quien intenta su total aprehensión. Esta teatralidad discursiva aparentaría ser nada más que el reflejo de la proyección de la propia inestabilidad del "yo" epistemológico, como la define Hume:

> The mind is a Kind of Theatre, where several perceptions succesively make their apperance; pass, repass, glide away, and mingle in an infinite variety of postures and situations. There is properly no simplicity in it at one

time, nor identity in different. (301)

El entramado sobre el que se erige el *Libro*, las fuentes, la alternancia de voces, los "exempla", constituyen todos un teatro interactivo entre las escenas, los temas y los personajes que definen la insolubilidad de este "yo", que como "yo" movedizo necesariamente borra y disuelve toda posibilidad de hallar, no solo la identidad misma como posible eje de cualquier interpretación, sino también, y en última instancia, la representación de la realidad.

Bajo todo el aparente caos, la búsqueda de alguna suerte de "continuum" más tangible que la asociación de los elementos, se presenta como algo urgente. Ante el caos ontológico, Hume plantea que el tiempo sirve de base a todo el conjunto de las experiencias empíricas. Para encontrar un paralelo en el *Libro*, habrá que referirse a alguno de los marcos intencionales. Tres posibilidades vienen a la mente: el didacticismo, la parodia y la angustia. El didacticismo viene a constituir un primer nivel "interpretativo-expositivo", una primera lectura contextualmente necesaria para justificar la posible circulación (o lectura grupal) de la obra en su momento. La parodia es el segundo nivel, el que subvierte la convención y fundamenta el aspecto critico extremo que permite la inversión de intenciones, aspecto que Rodríguez Vecchini llama "imitación crítica" y "sustitución irónica" (368). Ambos, el didacticismo y la parodia, conforman el entrecruzamiento esencial, el hilo continuo más visible en la obra. Sobre la angustia, Rodríguez Puértolas señala que subyace a la motivación didáctica y que responde al vacío existencial de un siglo XIV en el que el ascenso gradual de la burguesía y del poder del dinero quiebra el ordenado mundo medieval (71-103). El *Libro* recarga en ocasiones su discurso con la angustia. Se siente particularmente en el planto por la muerte de la Trotaconventos, en el episodio de Trotaconventos y Doña Garoza, y en la integración de las cantigas a la Virgen ya la pasión de Cristo (cuartetas 1046-1066).

La angustia no excluye el valor de las otras dos "constantes": más bien las complementa. Más allá de las razones sociales que esboza Rodríguez Puértolas, el peso de la muerte como disolución final de esta "conciencia maestra" está prevista en la muerte de las armas de la retórica, la Trotaconventos. Es la muerte la que precisamente lleva luego a de Man a considerar el discurso autobiográfico como la restauración discursiva del ser (74). Es la instauración perenne del espejo de las circularidades, de las repeticiones que definen el lenguaje. En el *Libro* es la muerte y la angustia lo único que nos lleva a pensar en la presencia real de una identidad subyacente, operante, aunque el signo de esta sea la disolución.

Ante el cuadro de posibilidades comentado, el *Libro* se nos presenta como la puesta en práctica de una actitud crítica que lleva a los límites el andamiaje representacional de su momento. Tanto la cuaderna vía como modelo estructural, como el verdadero "buen libro", la Biblia, como modelo conceptual, se reducen a componentes de una expresión que se vale del modelo pseudoautobiográfico para imponer una unidad ficcionalmente referida a la construcción de un "yo". Se evidencia, sin embargo, la fragilidad de todo el esquema y la multiplicidad intencional se vuelve presa del juego interno del lenguaje mismo. El paralelo agónico con la condición retórica del lenguaje y la actividad epistemológica dicciochesca, demuestra la circularidad del escepticismo que permea los proyectos ideológicos y la capacidad del lenguaje para materializarlos. Más evidente desde nuestra experiencia contemporánea es la crítica demaniana. Los tres momentos, sin embargo, son muestra de la continua expresión dubitativa que lleva al arrinconamiento sin salida, al límite cuya trascendencia es la mera vuelta al amparo de nuestros proyectos, nuestras ficciones.

## Notas

[1] Una versión previa de este ensayo apareció en *Romance Review* 5, 1995, pp. 55-63.

[2] Me refiero a la idea generalizada de que el texto manuscrito medieval, en el instante de su creación, no se somete a un proceso de reflexión o relectura intenso o deliberado. Tal es la opinión de Díaz Migoyo, por ejemplo, para quien la aparición de la imprenta impone una cesura que diferencia ambos momentos. Una lectura actual, como la realizada por Leo Spitzer en "Note on the, poetic and empirical 'I' in Medieval authors", apuntada a una distinción parecida, basada en elementos de carácter cultural. No nos parece, sin embargo, que el instante de creación literaria pueda delimitarse tan claramente, puesto que todo acto de lectura entraña una perspectiva pretérita, una

141

vuelta sobre el texto en la que media el tiempo y la reflexión. Asegurar una interpretación basándose estrictamente en las circunstancias condicionantes de la redacción limita un tanto el alcance conceptual, imaginativo y estético al que aspira todo texto.

[3] Empleamos la edición de G. B. Gybbon-Monypenny. Nos referiremos al número de la cuarteta (aunque, de ser necesario, señalaremos entre paréntesis el número de página).

[4] Para entender el papel que juega la música dentro del marco cultural del texto véase el ensayo de Armando López Castro "Sobre música e instrumentos en el *Libro de buen amor*", en *Actes del X Congrés Internacional de l'Associació Hispànica de Literatura Medieval*, Alacant, Institut Interuniversitari de Filologia Valenciana, 2005, pp. 993-1005.

**Obras citadas**

Arcipreste de Hita. *Libro de buen amor*. Edición de G.B. GybbonMonypenny. Madrid: Castalia, 1988.

De Man, Paul. "Autobiography as De-facement". *The Rhetoric of Romanticism*. New York: Columbia University Press, 1984.

Díaz Migoyo, Gonzalo. *La diferencia novelesca: Lectura irónica de la ficción*. Madrid: Visor, 1990.

Gybbon-Monypenny, G.B. ''Autobiography in the *Libro de buen amor* in the light of some literary comparisons". BHS 34 (1957): 63-78.

Hume, David. *A Treatise of Human Nature*. Middlesex/New York: Penguin, 1985.

López Castro, Armando. "Sobre música e instrumentos en el *Libro de buen amor*", en *Actes del X Congrés Internacional* de l'Associació Hispànica de Literatura Medieval, Alacant, Institut Interuniversitari de Filologia Valenciana, 2005, pp. 993-1005.

Rodríguez Puértolas, Julio. *Literatura, historia, alienación.* Barcelona: Labor Universitaria, 1976.

Rodriguez Vecchini, Hugo. "La parodia: una alegorfa irónica. Reflexión teórica a partir del *Libro del Arcipreste* y del *Quijote'.* *La Torre* 6 (1992): 365-432.

Seidenspinner-Nuñez, Dayle. *The Allegory of Good Love: Parodic Perspectivism in the* Libro de buen amor. Berkeley, Los Angeles: U of California P, 1981.

Spitzer, Leo. "Note on the poetic and empirical Tin Medieval authors". *Traditio* 4 (1946): 414-422.

Zahareas, Anthony N. *The Art of Juan Ruiz, Archpriest of Hita.* Madrid: Edhigar, 1965.

# Índice

# *Colofón*

Esta edición especial de ***Glosas enrarecidas: Discursos,
identidades, conflicto,*** de José E. Santos se terminó de imprimir
en los Estados Unidos de América.

## Obsidiana Press
w w w . o b s i d i a n a p r e s s . n e t
E-Mail:
publicaciones@obsidianapress.net

................................

Made in the USA
Middletown, DE
09 November 2019

78263685R00090